에듀윌과 함께 시작하면,
당신도 합격할 수 있습니다!

오랜 직장 생활을 마감하며 찾아온 앞날에 대한 막연한 두려움
에듀윌만 믿고 공부해 합격의 길에 올라선 50대 은퇴자

출산한지 얼마 안돼 독박 육아를 하며 시작한 도전!
새벽 2~3시까지 공부해 8개월 만에 동차 합격한 아기엄마

만년 가구기사 보조로 5년 넘게 일하다, 달리는 차 안에서도
포기하지 않고 공부해 이제는 새로운 일을 찾게 된 합격생

누구나 합격할 수 있습니다.
시작하겠다는 '다짐' 하나면 충분합니다.

마지막 페이지를 덮으면,

에듀윌과 함께
공인중개사 합격이 시작됩니다.

14년간 베스트셀러 1위
에듀윌 공인중개사 교재

기초부터 확실하게 기초/기본 이론

기초입문서(2종)

기본서(6종)

출제경향 파악 기출문제집

단원별 기출문제집(6종)

다양한 출제 유형 대비 문제집

기출응용 예상문제집(6종)

<이론/기출문제>를 단기에 단권으로 단단

단단(6종)

부족한 부분을 빠르게 보강하는 요약서/실전대비 교재

1차 핵심요약집+기출팩

임선정 그림 암기법
(공인중개사법령 및 중개실무)

오시훈 키워드 암기장
(부동산공법)

심정욱 합격패스 암기노트
(민법 및 민사특별법)

심정욱 핵심체크 OX
(민법 및 민사특별법)

합격을 위한 비법 대공개 합격서

이영방 합격서
부동산학개론

심정욱 합격서
민법 및 민사특별법

임선정 합격서
공인중개사법령 및 중개실무

김민석 합격서
부동산공시법

한영규 합격서
부동산세법

오시훈 합격서
부동산공법

신대운 합격서
쉬운 민법체계도

합격을 결정하는 파이널 교재

이영방 필살키

심정욱 필살키

임선정 필살키

오시훈 필살키

김민석 필살키

한영규 필살키

신대운 필살키

회차별 기출문제집
(2종)

실전모의고사
(2종)

더 많은
공인중개사 교재

* 해당 교재의 이미지는 변경될 수 있습니다.

공인중개사, 에듀윌을 선택해야 하는 이유

8년간 아무도 깨지 못한 기록
합격자 수 1위

합격을 위한 최강 라인업
1타 교수진

공인중개사

합격만 해도 연 최대 300만원 지급
에듀윌 앰배서더

업계 최대 규모의 전국구 네트워크
동문회

1위 에듀윌만의
체계적인 합격 커리큘럼

합격자 수가 선택의 기준, 완벽한 합격 노하우

온라인 강의

① 전 과목 최신 교재 제공
② 업계 최강 교수진의 전 강의 수강 가능
③ 합격에 최적화 된 1:1 맞춤 학습 서비스

쉽고 빠른 합격의 첫걸음 합격필독서 무료 신청

최고의 학습 환경과 빈틈 없는 학습 관리

직영 학원

① 현장 강의와 온라인 강의를 한번에
② 합격할 때까지 온라인 강의 평생 무제한 수강
③ 강의실, 자습실 등 프리미엄 호텔급 학원 시설

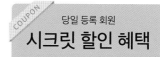

COUPON
당일 등록 회원
시크릿 할인 혜택

설명회 참석 당일 등록 시 특별 수강 할인권 제공

친구 추천 이벤트

"친구 추천하고 한 달 만에
920만원 받았어요"

친구 1명 추천할 때마다 현금 10만원 제공
추천 참여 횟수 무제한 반복 가능

※ *a*o*h**** 회원의 2021년 2월 실제 리워드 금액 기준
※ 해당 이벤트는 예고 없이 변경되거나 종료될 수 있습니다.

친구 추천 이벤트
바로가기

합격자 수 1위 에듀윌
6만 5천 건이 넘는 후기

고○희 합격생

부알못, 육아맘도 딱 1년 만에 합격했어요.

저는 부동산에 관심이 전혀 없는 '부알못'이었는데, 부동산에 관심이 많은 남편의 권유로 공부를 시작했습니다. 남편 지인들이 에듀윌을 통해 많이 합격했고, '합격자 수 1위'라는 광고가 좋아 에듀윌을 선택하게 되었습니다. 교수님들이 커리큘럼대로만 하면 된다고 해서 믿고 따라갔는데 정말 반복 학습이 되더라고요. 아이 둘을 키우다 보니 낮에는 시간을 낼 수 없어서 밤에만 공부하는 게 쉽지 않아 포기하고 싶을 때도 있었지만 '에듀윌 지식인'을 통해 합격하신 선배님들과 함께 공부하는 동기들의 위로가 큰 힘이 되었습니다.

이○용 합격생

군복무 중에 에듀윌 커리큘럼만 믿고 공부해 합격

에듀윌이 합격자가 많기도 하고, 교수님이 많아 제가 원하는 강의를 고를 수 있는 점이 좋았습니다. 또, 커리큘럼이 잘 짜여 있어서 잘 따라만 가면 공부를 잘 할 수 있을 것 같아 에듀윌을 선택했습니다. 에듀윌의 커리큘럼대로 꾸준히 따라갔던 게 저만의 합격 비결인 것 같습니다.

안○원 합격생

5개월 만에 동차 합격, 낸 돈 그대로 돌려받았죠!

저는 야쿠르트 프레시매니저를 하다 60세에 도전하여 합격했습니다. 심화 과정부터 시작하다 보니 기본이 부족했는데, 교수님들이 하라는 대로 기본 과정과 책을 더 보면서 정리하며 따라갔던 게 주효했던 것 같습니다. 합격 후 100만 원 가까이 되는 큰 돈을 환급받아 남편이 주택관리사 공부를 한다고 해서 뒷받침해 줄 생각입니다. 저는 소공(소속 공인중개사)으로 활동을 하고 싶은 포부가 있어 최대 규모의 에듀윌 동문회 활동도 기대가 됩니다.

다음 합격의 주인공은 당신입니다!

더 많은
합격 비법

처음에는 당신이 원하는 곳으로
갈 수는 없겠지만,
당신이 지금 있는 곳에서
출발할 수는 있을 것이다.

– 작자 미상

➕ 합격할 때까지 책임지는 개정법령 원스톱 서비스!

법령 개정이 잦은 공인중개사 시험. 일일이 찾아보지 마세요!
에듀윌에서는 필요한 개정법령만을 빠르게! 한번에! 제공해 드립니다.

| 에듀윌 도서몰 접속
(book.eduwill.net) | ▶ | 우측 정오표
아이콘 클릭 | ▶ | 카테고리 공인중개사
설정 후 교재 검색 | 개정법령
확인하기 |

2 0 2 4

에듀윌 공인중개사

이영방
필살키

최종이론 & 마무리100선

부동산학개론

합격의 문을 여는
마지막 열쇠

마지막까지 포기하지 않고
합격의 길로 이끌어드리겠습니다.

약력
- 現 에듀윌 부동산학개론 전임 교수
- 前 숭실사이버대 부동산학과 외래 교수
- 前 EBS 명품 부동산학개론 강사
- 前 부동산TV, 방송대학TV, 경인방송 강사
- 前 전국 부동산중개업협회 사전교육 강사
- 前 한국토지주택공사 직무교육 강사

저서
에듀윌 공인중개사 부동산학개론 기초입문서, 기본서, 단단, 합격서, 단원별/회차별 기출문제집, 핵심요약집, 기출응용 예상문제집, 실전모의고사, 필살키 등 집필

이영방T 인스타그램
(@yeongbanglee)

이 책은 부동산학개론 과목에서 35회 공인중개사 시험을 준비하시는 분들이 반드시 정리하셔야 하는 중요한 내용을 최종 정리하시는데 도움을 드릴 수 있도록 만든 특강교재입니다.

그 동안 공부하셨던 시험에 나올 수 있는 중요한 내용을 시험 직전에 이론과 문제를 통해 최종정리를 하신다면 35회 시험에 보다 만전을 기할 수 있을 것입니다.

본 교재는 크게 두 부분으로 구성되어 있습니다.

1. 최종이론 : 100선 문제에서 다루는 중요한 이론을 압축하여 일목요연하게 정리하였습니다.

2. 마무리 100선 : 기출문제를 분석하여 35회 시험에서 출제될 수 있는 중요한 문제(계산문제 20선 포함)를 엄선하여 정답과 함께 간단한 해설을 달았습니다.

이 책이 35회 공인중개사 시험을 준비하시는 분들의 합격에 조금이나마 도움이 되신다면 더할 나위 없이 큰 기쁨일 것입니다. 이 책으로 마무리정리를 하시는 분들의 합격을 간절히 기원합니다.

이 영 방

필살키 구성 및 특장점

더 간결하게 핵심만 모은 **최종이론**

필수이론만
POINT 단위로 정리

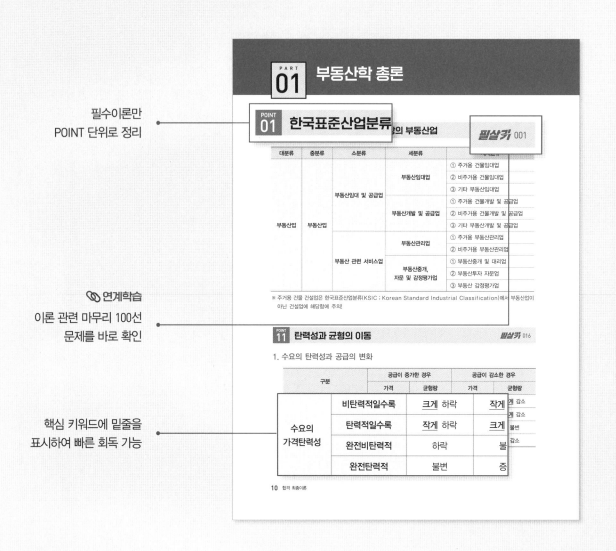

PART 01 부동산학 총론

POINT 01 한국표준산업분류 ...의 부동산업

필살키 001

대분류	중분류	소분류	세분류	
부동산업	부동산업	부동산임대 및 공급업	부동산임대업	① 주거용 건물임대업
				② 비주거용 건물임대업
				③ 기타 부동산임대업
			부동산개발 및 공급업	① 주거용 건물개발 및 공급업
				② 비주거용 건물개발 및 공급업
				③ 기타 부동산개발 및 공급업
		부동산 관련 서비스업	부동산관리업	① 주거용 부동산관리업
				② 비주거용 부동산관리업
			부동산중개, 자문 및 감정평가업	① 부동산중개 및 대리업
				② 부동산투자 자문업
				③ 부동산 감정평가업

※ 주거용 건물 건설업은 한국표준산업분류(KSIC ; Korean Standard Industrial Classification)에서 부동산업이 아닌 건설업에 해당함에 주의!

연계학습
이론 관련 마무리 100선
문제를 바로 확인

POINT 11 탄력성과 균형의 이동

필살키 016

1. 수요의 탄력성과 공급의 변화

구분		공급이 증가한 경우		공급이 감소한 경우	
		가격	균형량	가격	균형량
수요의 가격탄력성	비탄력적일수록	크게 하락		작게	게 감소
	탄력적일수록	작게 하락		크게	게 감소
	완전비탄력적	하락			불변
	완전탄력적	불변			감소
					증

핵심 키워드에 밑줄을
표시하여 빠른 회독 가능

10 합격 최종이론

☑ 필살키만의 3가지 특장점

필수이론만 담았다!

복잡한 머릿속을 단기간에 정리할 수 있도록 방대한 이론을 요약하고 또 요약했습니다.

살을 덧붙이는 연계학습 구성!

필살키 문제에 [2024 에듀윌 이영방 합격서]의 페이지를 표기하여 더 상세한 이론을 신속히 확인할 수 있습니다.

키(기)적의 마무리 100선!

올해 가장 출제가 유력해 보이는 문제만을 수록하여 합격을 위한 마지막 마무리를 할 수 있습니다.

꼭 필요한 문제만 담은 **마무리 100선**

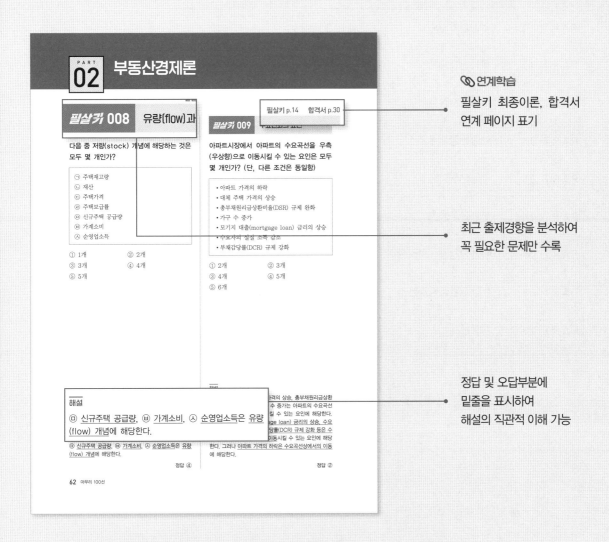

필살키 p.14   합격서 p.30

🔗 연계학습
필살키 최종이론, 합격서 연계 페이지 표기

최근 출제경향을 분석하여 꼭 필요한 문제만 수록

정답 및 오답부분에 밑줄을 표시하여 해설의 직관적 이해 가능

☑ 합격자들의 3가지 필살키 활용 TIP

TIP 1 단권화

필살키 교재를 최종 요약집으로 만들고 다회독하였어요!

합격자 장**

TIP 2 다회독

마무리 100선을 3번 이상 반복 학습한 것이 제 합격의 비결입니다!

합격자 나**

TIP 3 정답 키워드 찾기

정답 및 오답 키워드를 찾는 연습을 반복했더니 답이 보이기 시작했어요~

합격자 김**

필살키 차례

필살키 200% 활용법!

에듀윌 공인중개사 홈페이지(land.eduwill.net)에서 필살키를 교재로 활용하는
강의를 함께 수강해보세요!

강의 소개 및
수강신청 바로가기

합격

최종이론

한국표준산업분류(제10차)상의 부동산업 *필살카* 001

대분류	중분류	소분류	세분류	세세분류
부동산업	부동산업	부동산임대 및 공급업	부동산임대업	① 주거용 건물임대업
				② 비주거용 건물임대업
				③ 기타 부동산임대업
			부동산개발 및 공급업	① 주거용 건물개발 및 공급업
				② 비주거용 건물개발 및 공급업
				③ 기타 부동산개발 및 공급업
		부동산 관련 서비스업	부동산관리업	① 주거용 부동산관리업
				② 비주거용 부동산관리업
			부동산중개, 자문 및 감정평가업	① 부동산중개 및 대리업
				② 부동산투자 자문업
				③ 부동산 감정평가업

※ 주거용 건물 건설업은 한국표준산업분류(KSIC ; Korean Standard Industrial Classification)에서 부동산업이 아닌 건설업에 해당함에 주의!

부동산의 개념 - 법·제도적 개념 *필살카* 002

협의의 부동산 (민법상 부동산)		토지 및 그 정착물(민법 제99조 제1항)
광의의 부동산		협의의 부동산 + 준(의제)부동산
토지	의의	인위적으로 구획된 일정 범위의 지면에 정당한 이익이 있는 범위 내에서 상하(공중과 지하)를 포함
	범위	① 토지소유자는 법률의 범위 내에서 토지를 사용, 수익, 처분할 권리가 있음 ② 토지의 소유권은 정당한 이익 있는 범위 내에서 토지의 상하에 미친다(민법 제212조). ③ 지하에 매장된 미채굴의 광물은 광업권과 조광권의 객체로서 토지소유권이 미치지 않음
토지정착물	독립정착물	건물, 명인방법에 의한 수목 또는 수목의 집단, 등기완료된 수목의 집단(입목), 농작물
	종속정착물	돌담, 교량, 축대, 도로, 제방, 매년 경작을 요하지 않는 나무나 다년생식물 등

토지의 분류 및 용어

택지(宅地)	건축물을 건축할 수 있는 토지로서 주거용·상업용·공업용으로 이용 중이거나 이용가능한 토지
대지(垈地)	건축할 수 있는 모든 토지 ⇨ 「건축법」상의 용어
부지(敷地)	건물·철도·도로·하천 등의 바닥토지 ⇨ 건축용지 외에 하천부지, 철도용 부지, 수도용 부지 등으로 사용되는 포괄적인 용어
후보지	용도적 지역 중 임지지역, 농지지역, 택지지역 상호간에 다른 지역으로 전환되고 있는 지역의 토지. 가망지(可望地), 예정지(豫定地)라고도 함
이행지	용도적 지역의 분류 중 세분된 지역 내에서 용도에 따라 전환되는 토지
필지	「공간정보의 구축 및 관리 등에 관한 법률」(또는 부동산등기법)상의 용어 ※ 하나의 지번이 붙는 토지의 등기·등록 단위, 토지소유자의 권리를 구분하기 위한 표시 　⇨ 권리를 구분하기 위한 법적 개념
획지	인위적·자연적·행정적 조건에 의해 다른 토지와 구별되는 가격수준이 비슷한 일단의 토지. 부동산활동 또는 부동산현상의 단위면적이 되는 일획의 토지 ⇨ 가격수준을 구분하기 위한 경제적 개념
나지(裸地)	토지에 건물이나 그 밖의 정착물이 없고 지상권 등 토지의 사용·수익을 제한하는 사법상의 권리가 설정되어 있지 아니한 토지
건부지(建敷地)	건물이 들어서 있는 부지로서 건물 및 그 부지가 동일소유자에 속하고, 해당 소유자에 의하여 사용되며, 그 부지의 사용·수익을 제약하는 권리 등이 부착되어 있지 않은 택지
공지(空地)	필지 중 건물공간을 제외하고 남은 토지. 「건축법」에 의한 건폐율 등의 제한으로 인해 한 필지 내에 건물을 꽉 메워서 건축하지 않고 남겨둔 토지
공한지(空閑地)	도시 토지로서 지가상승만을 기대하고 장기간 방치하는 토지
소지(素地)	대지 등으로 개발되기 이전의 자연적인 그대로의 토지
선하지(線下地)	고압선 아래의 토지
포락지(浦落地)	지적공부에 등록된 토지가 물에 침식되어 수면 밑으로 잠긴 토지
법지(法地)	법으로만 소유할 뿐 활용실익이 없는 토지로 택지의 유효지표면 경계와 인접지 또는 도로면과 경사된 토지부분
빈지(濱地)	일반적으로 소유권이 인정되지 않는 바다와 육지 사이의 해변토지를 말하는데, 「공유수면 관리 및 매립에 관한 법률」에서는 해안선으로부터 지적공부에 등록된 지역까지의 사이의 토지
일단지(一團地)	용도상 불가분의 관계에 있는 두 필지 이상의 일단의 토지를 의미하나, 두 필지 이상을 합병한 토지를 말하는 것은 아님

구분		분류 요건		
		주택 사용 층수	바닥면적 합계	세대수
단독주택	단독주택	–	–	–
	다중주택	3개 층 이하	660m² 이하	–
	다가구주택	3개 층 이하	660m² 이하	19세대 이하
	공관	–	–	–
공동주택	아파트	5개 층 이상	–	–
	다세대주택	4개 층 이하	660m² 이하	–
	연립주택	4개 층 이하	660m² 초과	–
	기숙사	–	–	–

+PLUS 주택의 의의

1. 단독주택 : 1세대가 하나의 건축물 안에서 독립된 주거생활을 할 수 있는 구조로 된 주택을 말한다.

2. 공동주택 : 건축물의 벽·복도·계단이나 그 밖의 설비 등의 전부 또는 일부를 공동으로 사용하는 각 세대가 하나의 건축물 안에서 각각 독립된 주기생활을 할 수 있는 구조로 된 주택을 말한다.

3. 도시형 생활주택 : 300세대 미만의 국민주택규모에 해당하는 주택으로서 대통령령으로 정하는 주택을 말하며, 단지형 연립주택, 단지형 다세대주택, 소형주택 등이 있다.

공급	물리적 공급 ⇨ 불가	부증성
	경제적 공급 ⇨ 가능	용도의 다양성
대체	물리적 대체 ⇨ 불가	개별성
	경제적 대체 ⇨ 가능	인접성, 용도의 다양성
감가	물리적 감가 ⇨ 불가	영속성
	기능적 감가 ⇨ 가능	개별성
	경제적 감가 ⇨ 가능	부동성, 인접성
분석	지역분석	부동성, 인접성
	개별분석	개별성
	외부효과	부동성, 인접성
지대	위치지대	부동성
	경제지대	부증성
입지	입지론의 근거	부동성
	적지론의 근거	용도의 다양성
임장활동, 중개활동, 정보활동, 입지선정활동		부동성
부동산현상 & 활동, 부동산시장을 국지화		부동성
원가법 적용 불가		부증성, 영속성
토지에 감가상각 적용배제, 소모를 전제하는 재생산이론 적용 불가		영속성
토지의 수익이 영속적 ⇨ 직접환원법 적용		영속성
임대차시장, 소득이득 & 자본이득 향유		영속성
일물일가의 법칙 적용 불가, 표준지선정의 어려움		개별성
최유효이용의 근거		부증성, 용도의 다양성

※ 토지의 소유권은 정당한 이익이 있는 범위 내에서 토지의 상하에 미친다.
※ 한계심도의 범위는 법률(지방자치단체의 조례)로 정하고 있으나, 한계고도는 법률로 정하고 있지 않다.

POINT 06 유량(flow)개념과 저량(stock)개념   *필살키* 008

유량(流量 ; flow)	일정기간에 걸쳐서 측정하는 변수 ⇨ 신규, 분양 예 소득, 수입, 수익, 급여, 월급, 임금, 가계소비, 생산량, 거래량, 국민총생산(GNP), 국내총생산(GDP) 등
저량(貯量 ; stock)	일정시점에 측정하는 변수 ⇨ 기존, 중고 예 인구, 자산, 자본, 부채, 통화량, 가치, 가격, 재고량, 재산, 국부(國富) 등

POINT 07 수요와 공급의 증가요인   *필살키* 009~011

1. 수요의 증가요인(수요곡선 우측이동 요인)

① 정상재의 경우 소득의 증가

② 열등재의 경우 소득의 감소

③ 대체주택 가격의 상승

④ 보완재 가격의 하락

⑤ 수요자의 가격상승 예상

⑥ 대출금리의 하락

⑦ 해당 주택에 대한 선호도 증가

⑧ 인구의 증가

⑨ 금융규제(LTV, DTI, DCR) 완화

2. 공급의 증가요인(공급곡선 우측이동 요인)

① 생산기술의 발전

② 건축자재가격의 하락, 임금과 택지가격의 하락

③ 대체재 가격의 하락 ⇨ 수요와 반대

④ 보완재 가격의 상승 ⇨ 수요와 반대

⑤ 대출금리의 하락

⑥ 공급자에 대한 보조금 지급

시장균형의 변동

구분			가격(임대료)	균형량
수요의 변화		수요만 증가	상승	증가
		수요만 감소	하락	감소
공급의 변화		공급만 증가	하락	증가
		공급만 감소	상승	감소
동시에 변할 경우	변화크기가 서로 다른 경우 ⇨ 수요와 공급 중 **큰** 것만 고려할 것	수요증가 > 공급증가	상승	증가
		수요증가 < 공급감소	상승	감소
	변화크기가 서로 동일할 경우 ⇨ 가격과 균형량 중 하나는 **불변**	수요증가 = 공급증가	불변	증가
		수요증가 = 공급감소	상승	불변
	변화크기가 주어지지 않을 경우 ⇨ 가격과 균형량 중 하나는 **알 수 없음**	수요증가, 공급증가	알 수 없음	증가
		수요증가, 공급감소	상승	알 수 없음

탄력성 결정요인

1. 수요의 가격탄력성 결정요인

① 대체재의 유무와 다소 : 대체재가 많을수록 크다.

② 기간의 장단 : 단기에는 비탄력적, 장기에는 탄력적이 된다.

③ 재화의 분류범위 : 부동산을 지역별·용도별로 세분하면 탄력성은 커진다. 주거용 부동산이 다른 부동산에 비해 보다 더 탄력적이다.

④ 재화의 용도 : 부동산에 대한 종류별로 용도가 다양할수록, 용도전환이 쉬울수록 탄력성은 커진다.

⑤ 재화의 성격 : 필수재는 비탄력적, 사치재는 탄력적이다.

⑥ 소비에서 차지하는 비중 : 소비에서 차지하는 비중이 클수록 탄력성은 커진다.

구분	비탄력적	탄력적
대체재의 유무와 다소	적을수록	많을수록
측정기간	단기	장기
재화의 분류범위	세분화되지 않을수록	세분화될수록
재화의 용도	다양하지 않을수록	다양할수록
재화의 성격	필수재	사치재
소비에서 차지하는 비중	작을수록	클수록

2. 공급의 가격탄력성 결정요인

구분	비탄력적	탄력적
생산비 증감 유무	많이 들수록	적게 들수록
측정기간	단기	장기
생산에 소요되는 기간	길수록	짧을수록
용도전환의 용이성	어려울수록	용이할수록
공적 규제	강화될수록	완화될수록

POINT 10 탄력성과 재화 간의 관계

필살기 015

1. 소득탄력성과 재화 간의 관계

① 소득의 증가에 따라 수요가 증가하는 재화 ⇨ 정상재
② 소득의 증가에 따라 수요가 감소하는 재화 ⇨ 열등재

2. 교차탄력성과 재화 간의 관계

① X재 가격과 Y재 수요량이 같은 방향 ⇨ 두 재화는 대체재
② X재 가격과 Y재 수요량이 반대 방향 ⇨ 두 재화는 보완재

POINT 11 탄력성과 균형의 이동

필살기 016

1. 수요의 탄력성과 공급의 변화

구분		공급이 증가한 경우		공급이 감소한 경우	
		가격	균형량	가격	균형량
수요의 가격탄력성	비탄력적일수록	**크게** 하락	**작게** 증가	**크게** 상승	**작게** 감소
	탄력적일수록	**작게** 하락	**크게** 증가	**작게** 상승	**크게** 감소
	완전비탄력적	하락	불변	상승	불변
	완전탄력적	불변	증가	불변	감소

2. 공급의 탄력성과 수요의 변화

구분		수요가 증가한 경우		수요가 감소한 경우	
		가격	균형량	가격	균형량
공급의 가격탄력성	비탄력적일수록	<u>크게</u> 상승	<u>작게</u> 증가	<u>크게</u> 하락	<u>작게</u> 감소
	탄력적일수록	<u>작게</u> 상승	<u>크게</u> 증가	<u>작게</u> 하락	<u>크게</u> 감소
	완전비탄력적	상승	불변	하락	불변
	완전탄력적	불변	증가	불변	감소

POINT 12 부동산경기의 특징 *필살키* 017

① 부동산경기는 지역별로 다르게 변동할 수 있으며 같은 지역에서도 부분시장(sub-market)에 따라 다른 변동양상을 보일 수 있다.
② 부동산경기는 부동산의 특성에 의해 일반경기보다 주기가 더 길 수 있다.
③ 부동산경기는 일반경기에 비해 주기의 순환국면이 명백하지 않고 일정치 않으며, 진폭은 더 크고, 불규칙적으로 순환한다.
④ 하향국면은 매수자가 중시되고, 과거의 거래사례가격은 새로운 거래가격의 상한이 되는 경향이 있다.
⑤ 상향시장에서 직전 국면의 거래사례가격은 현재 시점에서 새로운 거래가격의 하한이 되는 경향이 있다.

POINT 13 부동산시장의 특성과 기능　　　　필살키 018

특성	① 시장의 국지성 ⇨ 부동성 ② 거래의 비공개성 ⇨ 개별성 ③ 비표준화성 ⇨ 개별성 ④ 비조직성 ⇨ 개별성 ⑤ 수급조절의 곤란성 ⇨ 부증성 ⑥ 매매기간의 장기성 ⑦ 법적제한 과다 ⑧ 진입장벽의 존재 ⑨ 자금의 유용성
기능	① 자원배분기능 ② 교환기능 ③ 가격의 형성기능 ④ 정보제공의 기능 ⑤ 양과 질의 조정기능

POINT 14 주택시장의 여과과정　　　　필살키 019~020

1. 종류

① 하향여과(filtering-down)

② 상향여과(filtering-up)

2. 저가주택과 고가주택시장의 장·단기 효과

① 저가주택시장

㉠ 단기 : 저가주택의 수요 증가 ⇨ 저가주택의 임대료(가격) 상승

㉡ 장기 : 저가주택의 임대료 상승 ⇨ 신규 저가주택 건축 금지 ⇨ 하향여과 발생 ⇨ 임대료 하락

※ 저가주택 임대료 ⇨ 불변, 주택량 ⇨ 증가(∵ 하향여과)

② 고가주택시장

㉠ 단기 : 하향여과 발생 ⇨ 고가주택의 부족 ⇨ 고가주택의 임대료 상승

㉡ 장기 : 고가주택 임대료 상승 ⇨ 신규공급자 시장진입 ⇨ 공급 증가 ⇨ 임대료 하락

3. 여과과정과 주거분리

① 고소득층 주거지역

ㄱ (개량 후)가치상승분 > 개량(보수)비용 ⇨ 주거분리 ⇦ 정(+)의 외부효과

ㄴ (개량 후)가치상승분 < 개량(보수)비용 ⇨ 하향여과 ⇦ 침입 ⇨ 계승(천이)

② 저소득층 주거지역

ㄱ (개량 후)가치상승분 > 개량(보수)비용 ⇨ 상향여과 ⇦ 재개발

ㄴ (개량 후)가치상승분 < 개량(보수)비용 ⇨ 주거분리 ⇦ 부(−)의 외부효과

POINT 15 효율적 시장   필살귀 021~022

1. 효율적 시장의 구분

효율적 시장	반영되는 정보			분석 방법	정상 이윤	초과이윤			정보 비용
	과거	현재	미래			과거	현재	미래	
약성 효율적 시장	○	×	×	기술적 분석	○	×	○	○	○
준강성 효율적 시장	○	○	×	기본적 분석	○	×	×	○	○
강성 효율적 시장	○	○	○	분석 불필요	○	×	×	×	×

2. 할당(적) 효율적 시장

① 완전경쟁시장은 (항상) 할당 효율적 시장이다.

↳ 불완전경쟁시장(독점시장)도 할당 효율적 시장 가능

② 완전경쟁시장은 정보비용이 존재하지 않음

③ 할당 효율적 시장과 정보비용 존재 여부와는 관련이 없음

④ 할당 효율적 시장에서는 투기가 발생하지 않음

1. 차액지대설 – 리카도(D. Ricardo)

- 비옥도 차이 ⇨ 생산성 차이 ⇨ 지대 차이
- 토지에 수확체감현상
- **한계지** : 생산성이 가장 낮아 생산비와 곡물가격이 일치 ⇨ 지대가 발생하지 않음
- 지대는 해당 토지의 생산성과 한계지의 생산성과의 차이와 동일
- 지대는 일종의 불로소득
- 생산물가격이 지대를 결정

2. 절대지대설 – 마르크스(K. Marx)

- 지대는 토지소유자가 토지를 소유하고 있다는 독점적 지위 때문에 발생
- 토지의 비옥도나 생산력에 관계없이 지대가 발생 ⇨ 한계지에도 지대 발생
- 지대가 생산물가격에 영향

3. 준지대설 – 마샬(A. Marshall)

- 토지 이외의 고정생산요소(기계, 기구)에 귀속되는 소득
- 단기간 일시적으로 발생

4. 위치지대설 – 튀넨(V. Thünen) ⇨ 입지교차지대설, 고립국이론

- 차액지대이론 + 위치개념 ⇨ 입지(지대)이론으로 발전
- 위치 차이 → 수송비 차이 → 지대 차이 ⇨ 동일비옥도라도 지대 차이 발생

> 지대 = 생산물가격 – 생산비 – 수송비
> = (생산물가격 – 생산비) – 단위당 수송비 × 거리

  ↳ 생산물가격과 생산비가 일정 ⇨ 수송비에 반비례
  ↳ 생산비와 수송비가 일정 ⇨ 생산물가격에 비례

5. 입찰지대설 – 알론소(W. Alonso)

- 가장 높은 지대를 지불하려는 활동에 해당 토지의 이용이 할당
- 지대는 기업주의 정상이윤과 투입 생산비를 지불하고 남은 잉여에 해당
- **입찰지대** : 초과이윤이 '0'이 되는 수준의 지대
- 입지경쟁의 결과 해당 토지는 최대의 순현가를 올릴 수 있어서 최고의 지불능력을 가지고 있는 토지이용자에게 할당
- 토지이용자에게는 최대지불용의액

1. 동심원이론 – 버제스(Burgess)

① 의의 : 도시는 그 중심지에서 동심원상으로 확대되어 5개 지구로 분화되면서 성장한다는 이론

② **토지이용패턴** : ㉠ 중심업무지대 ⇨ ㉡ 천이(점이, 전이)지대 ⇨ ㉢ 근로자 주택지대 ⇨ ㉣ 중산층 주택지대 ⇨ ㉤ 통근자지대

③ 특징
  • 도시공간구조를 도시생태학적 관점에서 접근하였다.
  • 도시의 공간구조 형성을 침입, 경쟁, 천이 등의 과정으로 설명하였다.
  • 주택지불능력이 낮을수록 고용기회가 많은 도심지역과 접근성이 양호한 지역에 주거입지를 선정하는 경향이 있다.

2. 선형이론 – 호이트(Hoyt)

① 의의 : 토지이용은 도심에서 시작되어 점차 <u>교통망</u>을 따라 동질적으로 확장되므로 원을 변형한 모양으로 도시가 성장한다는 이론 ⇨ 부채꼴모양(선형), 쐐기형 지대모형

② 특징
  • 고급주택은 교통망의 축에 가까이 입지, 중급주택은 고급주택의 인근에 입지, 저급주택은 반대편에 입지하는 경향이 있다.
  • 주택지불능력이 있는 고소득층은 기존의 도심지역과 주요 교통노선을 축으로 하여 접근성이 양호한 지역에 입지하는 경향

3. 다핵심이론 – 해리스(Harris), 울만(Ullman)

① 의의
  • 도시가 성장하면 핵심의 수가 증가하고 도시는 복수의 핵심 주변에서 발달한다는 이론
  • 도시는 하나의 중심지가 아니라 몇 개의 중심지들로 구성된다는 것으로 대도시에 적합한 이론

② 다핵이 성립하는 요인
  • **동종의 활동(유사활동)** : 집적이익이 발생하므로 특정지역에 모여서 입지 ⇨ 집적지향성
  • **이종의 활동(이질활동)** : 상호간의 이해가 상반되므로 떨어져서 입지 ⇨ 입지적 비양립성

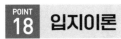

POINT 18 입지이론

1. 레일리(W. Reilly)의 소매인력법칙

① 중력모형을 이용한 상권의 범위를 확정하는 모형

② 두 중심지 사이에 위치하는 소비자에 대하여 상권이 미치는 영향력의 크기는 그 두 중심의 크기에 비례하여 배분된다고 볼 수 있다.

③ 고객유인력 $= \dfrac{크기}{거리^2}$ (크기 $\Rightarrow$ 도시인구)

④ B도시에 대한 A도시의 구매지향비율 $\left(\dfrac{B_A}{B_B}\right)$

$$\frac{B_A}{B_B} = \frac{P_A}{P_B} \times \left(\frac{D_B}{D_A}\right)^2 = \frac{A도시의 \ 인구}{B도시의 \ 인구} \times \left(\frac{B도시까지의 \ 거리}{A도시까지의 \ 거리}\right)^2$$

2. 허프(D. L. Huff)의 소매지역이론

① 대도시에서 쇼핑패턴을 결정하는 확률모형 제시

② 고객유인력 $= \dfrac{크기}{거리^\lambda}$ (크기 $\Rightarrow$ 점포면적) [λ : 공간(거리)마찰계수]

③ A매장으로 구매하러 갈 확률(시장점유율, 인구유인비율) $= \dfrac{A고객유인력}{A고객유인력 + B고객유인력}$

    ↳ 소비자가 특정 점포를 이용할 확률은 경쟁점포의 수, 점포와의 거리, 점포의 면적에 의해 결정된다.

④ A매장의 이용객 수 = 소비자거주지 인구 × 시장점유율

⑤ A매장의 예상매출액 = 1인당 소비(가능)액 × 매장 이용객 수

⑥ 공간(거리)마찰계수는 시장의 교통조건과 쇼핑물건의 특성에 따라 달라지는 값으로 교통조건이 나쁠수록 커지게 되며, 교통조건이 좋을수록 작아지게 된다. 공간(거리)마찰계수는 일상용품점보다 전문품점의 경우가 작다.

3. 컨버스(P. D. Converse)의 분기점모형

① 레일리법칙을 응용하여 두 도시 간의 구매영향력이 같은 분기점(상권의 경계지점)의 위치를 구하는 방법을 제시한 것

② A도시로부터 상권의 분기점까지의 거리 $(D_A) = \dfrac{쇼핑센터 \ A와 \ B \ 간의 \ 거리}{1 + \sqrt{\dfrac{B의 \ 면적}{A의 \ 면적}}}$

4. 공업입지론 − 베버(A. Weber)의 최소비용이론

(1) 원료지수 : 제품중량에 대한 국지원료중량의 비율

$$원료지수 = \frac{국지원료중량}{제품중량} \quad \begin{cases} > 1 \cdots \text{원료지향형} \\ = 1 \cdots \text{자유입지형} \\ < 1 \cdots \text{시장지향형} \end{cases}$$

(2) 공업입지의 결정

① 원료지향형 산업
- 중량감소산업(시멘트공업, 제련공업 등)
- 원료수송비가 제품수송비보다 많은 산업 ⇨ 원료중량이 제품중량보다 많은 산업
- 부패하기 쉬운 원료·물품을 생산하는 산업(통조림공업, 냉동공업)
- 편재원료(국지원료)를 많이 사용하는 공장

② 시장지향형 산업
- 중량증가산업(청량음료, 맥주 등)
- 제품수송비가 원료수송비보다 많은 산업 ⇨ 제품중량이 원료중량보다 많은 산업
- 부패하기 쉬운 완제품을 생산하는 산업
- 보편원료를 많이 사용하는 공장

③ 자유입지형 산업

수송비나 노동비에 대해 부가가치가 큰 공업, 수송비가 입지선정에 거의 작용하지 않는 고도의 대규모 기술집약적 산업(자동차, 항공기, 컴퓨터, 반도체 등)

1. 시장개입의 이유

   ① 정치적 기능 : <u>사회적 목표를 달성</u>하기 위해 시장에 개입하는 것을 말한다.

   ② 경제적 기능 : <u>시장의 실패를 수정</u>하기 위해서 시장에 개입하는 것을 말한다.

2. 시장실패

   ① 의의 : 시장이 어떤 이유로 인해서 자원의 적정배분을 자율적으로 조정하지 못하는 것을 의미

   ② 원인

      ㉠ 불완전경쟁(독과점)의 존재

      ㉡ 규모의 경제

      ㉢ 외부효과의 존재

      ㉣ 공공재의 부족

      ㉤ 거래 쌍방 간의 정보의 비대칭성 및 불확실성

1. 의의

   어떤 경제활동과 관련하여 <u>거래당사자가 아닌 제3자</u>에게 <u>의도하지 않은</u> 이익이나 손해를 가져다

주는데도 이에 대한 <u>대가를 지불하지도 받지도 않는</u> 상태를 말한다.

   ↳ 거래당사자 아닌 제3자

   ↳ 의도하지 않은

   ↳ 대가를 받지도 않고 지불하지도 않는 ⇨ 시장(기구)을 통하지 않음

2. 구분

정(+)의 외부효과(외부경제)	부(−)의 외부효과(외부불경제)
다른 사람(제3자)에게 의도하지 않은 혜택을 주고도 이에 대한 보상을 받지 못하는 것	다른 사람(제3자)에게 의도하지 않은 손해를 입히고도 이에 대한 대가를 지불하지 않는 것
사적 편익 < 사회적 편익 사적 비용 > 사회적 비용	사적 편익 > 사회적 편익 사적 비용 < 사회적 비용
과소생산, 과다가격	과다생산, 과소가격
보조금 지급, 조세경감, 행정규제의 완화	조세중과, 환경부담금 부과, 지역지구제 실시
PIMFY(Please In My Front Yard) 현상	NIMBY(Not In My Back Yard) 현상

POINT 21 정부의 부동산시장에 대한 개입 수단

필살키 029

정부의 부동산시장에 대한 직접 개입 수단	정부의 부동산시장에 대한 간접 개입 수단
• 공공토지비축 • 토지수용 • 공영개발 • 공공임대주택정책	• 취득세 • 종합부동산세 • 개발부담금제 • 임대료보조 • 대부비율(LTV) • 부동산가격공시제도

POINT 22 우리나라에서 현재 시행하고 있지 않은 제도

필살키 030

① **종합토지세** : 1990년부터 시행하였으나, 2005년 1월 「지방세법」이 개정되면서 폐지되었다.

② **택지소유상한제** : 1990년부터 실시되었으나 사유재산권 침해 이유로 1998년 9월 19일에 폐지되었다.

③ **토지초과이득세제** : 실현되지 않은 이익에 대해 과세한다는 논란 등으로 1998년 폐지되었다.

④ **공한지세** : 1974년부터 실시되었으나 1986년에 폐지되었다.

⑤ **개발권양도제도(TDR)** : 우리나라에서는 시행되고 있지 않다.

① **용도지역** : 토지의 이용실태 및 특성, 장래의 토지 이용 방향, 지역 간 균형발전 등을 고려하여 도시지역, 관리지역, 농림지역, 자연환경보전지역 등의 용도지역으로 구분한다.

② **지구단위계획** : 도시·군계획 수립 대상지역의 일부에 대하여 토지이용을 합리화하고 그 기능을 증진시키며 미관을 개선하고 양호한 환경을 확보하며, 그 지역을 체계적·계획적으로 관리하기 위하여 수립하는 계획이다.

③ **토지선매** : 토지거래허가구역 내에서 토지거래계약의 허가신청이 있을 때 공익목적을 위하여 사적 거래에 우선하여 국가·지방자치단체·한국토지주택공사 등이 그 토지를 매수할 수 있는 제도이다.

④ **토지적성평가** : 시·도지사, 시장 또는 군수는 도시·군기본계획 수립을 위한 기초조사의 내용에 국토교통부장관이 정하는 바에 따라 실시하는 토지의 토양, 입지, 활용가능성 등 토지의 적성에 대한 평가(토지적성평가)와 재해취약성에 관한 분석(재해취약성 분석)을 포함하여야 한다.

⑤ **공공토지비축의 토지수용** : 공공개발용 토지의 비축사업계획을 승인받은 경우 한국토지주택공사는 해당 공공개발용 토지의 취득을 위하여 필요한 때에는 「공익사업을 위한 토지 등의 취득 및 보상에 관한 법률」 제3조에서 정하는 토지·물건 또는 권리를 수용(사용을 포함)할 수 있다.

1. 의의

정부가 임대주택시장에 개입하여 임대료를 일정수준 이상 올릴 수 없도록 하는 제도

2. 정책적 효과

① 임대주택에 대한 초과수요 발생 ⇨ 공급부족

② 임차인
   ㉠ 임차인들이 임대주택을 구하기가 어려워진다.
   ㉡ 임차인들의 주거이동이 저하된다. ⇨ 사회적 비용 증가

③ 임대인
   ㉠ 기존의 임대주택이 다른 용도로 전환된다.
   ㉡ 임대주택에 대한 투자를 기피하는 현상이 발생한다.
   ㉢ 임대주택 서비스의 질이 저하된다.

④ **정부** : 정부의 임대소득세 수입이 감소한다.

⑤ **시장** : 불법거래 성행, 임대료에 대한 이중가격이 형성될 수 있다.

1. 시장(균형)임대료보다 낮은 임대료로 설정 ⇨ 효과 있음
   ↳ 초과수요
   ↳ ┌ 단기(비탄력적) ⇨ 초과수요 작다. → 정책효과 크다.
      └ 장기(탄력적) ⇨ 초과수요 크다. → 정책효과 작다.
2. 시장(균형)임대료보다 높은 임대료로 설정 ⇨ 아무런 변화 없음
   ↳ 초과공급 ⇨ ×
   ↳ 현재의 균형가격을 그대로 유지함 ⇨ 아무런 정책효과 없음

POINT 25 분양가상한제
필살키 033

1. 의의

정부가 사적 시장에서 공급되는 신규주택가격을 시장균형가격 이하로 규제하는 것을 말한다.
⇨ 분양가상한제는 분양가규제를 통해 주택가격을 안정시키기 위한 목적으로 시행

2. 분양가상한제 적용주택(주택법 제57조)

① 사업주체가 일반인에게 공급하는 공동주택 중 다음 어느 하나에 해당하는 지역에서 공급하는
   주택의 경우에는 법률에서 정하는 기준에 따라 산정되는 분양가격 이하로 공급하여야 한다.
   ㉠ 공공택지
   ㉡ 공공택지 외의 택지에서 주택가격 상승 우려가 있어 국토교통부장관이 주거정책심의위원회
      의 심의를 거쳐 지정하는 지역
② 도시형 생활주택에는 분양가상한제를 적용하지 않는다.
③ **분양가격** : 택지비 + 건축비
④ **전매제한** : 주택법령상 분양가상한제 적용주택 및 그 주택의 입주자로 선정된 지위에 대하여
   전매를 제한할 수 있다.

1. 조세의 전가

조세가 부과되었을 때 각 경제주체들이 자신의 활동을 조정함으로써 조세의 실질적인 부담의 일부 또는 전부를 타인에게 이전시키는 현상

2. 조세의 귀착

조세의 사실상 부담이 최종적으로 어떤 사람에게 귀속되는 것

3. 재산세 부과 ➡ 임대주택시장 ⇨ 임대인에게 재산세 부과

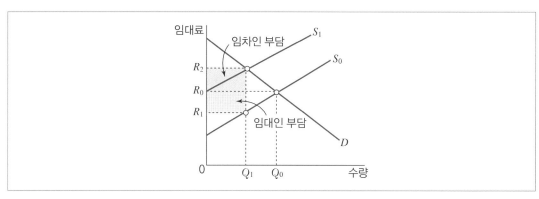

① 임대주택시장 ⇨ 임대인에게 재산세 부과

   ⇨ 임대주택에 재산세가 부과되면, 임대주택의 공급은 감소하고 임대료는 상승

② 공급곡선 좌상향이동 = 조세부과액

③ 임대주택에 재산세가 중과되면, 증가된 세금은 장기적으로 임차인에게 전가됨

4. 탄력성과 조세귀착, 자원배분의 왜곡, 사회적 후생손실

① 조세부담 ⇨ 비탄력적일수록 커지고 탄력적일수록 작아짐

② 자원배분의 왜곡, 사회적 후생손실 ⇨ 비탄력적일수록 작아지고 탄력적일수록 커짐

+PLUS 주택공급의 동결효과(lock-in effect)

가격이 오른 부동산의 소유자가 양도소득세를 납부하지 않기 위해 주택의 처분을 기피함으로써 주택의 공급이 감소하는 효과를 말한다.

부동산투자론

POINT 27 지렛대효과(leverage effect)

1. 의의

부채의 사용이 지분수익률(자기자본수익률)에 미치는 영향을 말한다.

2. 구분

① **정(+)의 지렛대효과** : 자기자본수익률 > 총자본수익률 > 저당수익률(차입이자율)

　↳ 부채비율이 커질수록 자기자본수익률(지분수익률)이 증가하는 것

② **부(−)의 지렛대효과** : 자기자본수익률 < 총자본수익률 < 저당수익률(차입이자율)

　↳ 부채비율이 커질수록 자기자본수익률(지분수익률)이 하락하는 것

③ **영(0)의 지렛대효과** : 자기자본수익률 = 총자본수익률 = 저당수익률(차입이자율)

　↳ 부채비율이 변화해도 자기자본수익률(지분수익률)이 변하지 않는 것

※ 차입이자율과 부채비율의 변화 모두 총자본수익률에 영향을 미치지 않는다.

> 자기자본수익률 = 총자본수익률 + (총자본수익률 − 이자율) × 부채비율

POINT 28 부동산투자의 수익률

1. 수익률의 종류

① **요구수익률(required rate of return)** : 투자에 대한 위험이 주어졌을 때 투자자가 대상부동산에 투자를 결정하기 위해 보장되어야 할 최소한의 수익률로서 필수수익률, 외부수익률, 투자의 기회비용이라고도 한다.

② **기대수익률(expected rate of return)** : 어떤 투자대상으로부터 투자로 인해 기대되는 예상수익률(=내부수익률)로서, 각 경제상황이 발생할 경우 실현될 수 있는 수익률들을 평균한 것이다.

③ **실현수익률(realized rate of return)** : 투자가 이루어지고 난 후에 실제로 실현된 수익률로서 실제수익률, 사후수익률, 역사적 수익률이라고도 한다.

2. 기대수익률과 요구수익률의 관계

① 기대수익률 > 요구수익률 : 투자↑ ⇨ 대상부동산 가치↑ ⇨ 기대수익률↓

② 기대수익률 = 요구수익률 : 균형투자량

③ 기대수익률 < 요구수익률 : 투자↓ ⇨ 대상부동산 가치↓ ⇨ 기대수익률↑

POINT 29 부동산투자의 위험과 수익의 관계 *필살키* 039

1. 위험에 대한 투자자의 태도

기대수익률이 동일할 경우, 투자자들은 덜 위험한 투자대안을 선택하는데, 투자자들의 위험에 대한 이러한 태도를 위험회피적(risk averse)이라고 한다.

2. 위험 – 수익의 상쇄관계

요구수익률 = 무위험률 ⇐ 위험이 전혀 없는 경우
= 무위험률 + 위험할증률 ⇨ 위험조정률(risk-adjusted rate)
= 무위험률 + 위험할증률 + 예상 인플레이션율 ⇨ 피셔(Fisher) 효과

POINT 30 부동산투자 *필살키* 040

① 부동산투자는 부동산이 갖고 있는 고유한 특성으로 인해 주식투자에 비해 환금성이 낮으며, 안전성 측면에서는 유리하다.

② 인플레이션과 같은 경기상승기에 좋은 투자대상이다.

③ 부동산은 다른 투자상품에 비하여 거래비용의 부담이 크고 부동산시장은 정보의 비대칭성이 존재하지만 효율적 시장이다.

④ 부동산투자는 부동산의 사회적·경제적·행정적 위치의 가변성 등으로 인해 부동산시장의 변화를 면밀히 살펴야 한다.

⑤ 투자자가 투자자산을 필요한 시기에 손실 없이 현금으로 전환할 수 있는 안전성의 정도를 투자의 유동성이라고 한다.

1. 구분

① **체계적 위험** : 전체 시장에 영향을 미치는 위험. 모든 부동산에 영향을 주는 '피할 수 없는 위험'
 예 경기변동, 인플레의 심화, 이자율 변동 등으로 인한 위험
② **비체계적 위험** : 특정 개별자산에 국한하여 영향을 미치는 위험. 투자대상을 다양화하여 분산
 투자함으로써 '피할 수 있는 위험'

> 총위험 = 체계적 위험 + 비체계적 위험

2. 상관계수

① 상관계수가 +1과 −1 사이의 값을 갖는 경우 포트폴리오를 구성한다고 하더라도 비체계적 위
 험은 상관계수의 크기에 따라 제거 정도가 달라지는데, −1에 가까울수록 제거 정도는 커지며
 +1에 가까울수록 제거 정도는 작아진다고 할 수 있다.
② 상관계수가 +1의 값을 갖는 경우를 제외하면 구성자산의 수를 많이 하여 포트폴리오를 구성한
 다면 비체계적 위험은 감소될 수 있다.

3. 최적 포트폴리오의 선택

① **효율적 프론티어**(또는 효율적 투자선, 효율적 전선)와 투자자의 무차별곡선이 접하는 점에서
 결정된다.
② **효율적 프론티어**(efficient frontier) : 동일한 위험에서 최고의 수익률을 나타내는 투자대안
 을 연결한 선
 ↳ 우상향의 의미 → 투자자가 높은 수익률을 얻기 위해 많은 위험을 감수하는 것
  ⇨ 효율적 프론티어상의 투자안들은 평균−분산지배원리에 의해서도 서로 우열을 가릴 수
   없다.
③ **투자자의 무차별곡선** : 투자자가 위험을 회피할수록 위험(표준편차, X축)과 기대수익률(Y축)
 의 관계를 나타낸 투자자의 무차별곡선의 기울기는 급해진다.

1. 의의

① 현재가치에 대한 미래가치를 산출하기 위하여 사용하는 이율을 이자율이라 하고, 미래가치에 대한 현재가치를 산출하기 위하여 사용하는 이율을 할인율이라 한다.

② 화폐의 시간가치는 평가시점에 따라 현재가치와 미래가치로 구분하고, 현금흐름에 따라 일시불의 현금흐름과 연금의 현금흐름으로 구분한다.

③ 화폐의 시간가치를 계산하는 공식에서는 원금에 대한 이자뿐만 아니라 이자에 대한 이자도 함께 계산하는 복리방식을 채택한다.

2. 자본환원계수들의 관계

① 연금의 현재가치계수와 일시불의 미래가치계수를 곱하면 연금의 미래가치계수가 된다.

② 연금의 미래가치계수와 일시불의 현재가치계수를 곱하면 연금의 현재가치계수가 된다.

③ 연금의 현재가치계수에 감채기금계수를 곱하면 일시불의 현재가치계수가 된다.

④ 연금의 미래가치계수에 저당상수를 곱하면 일시불의 미래가치계수가 된다.

⑤ 일시불의 미래가치계수와 일시불의 현재가치계수를 곱하면 '1'이 된다.

⑥ 감채기금계수와 연금의 내가계수를 곱하면 '1'이 된다.

⑦ 저당상수와 연금의 현가계수를 곱하면 '1'이 된다.

〈영업의 현금흐름 계산〉	〈지분복귀액 계산〉	〈영업소득세 계산〉	
가능총소득	매도가격	순영업소득	세전현금흐름
− 공실 및 불량부채	− 매도경비	+ 대체충당금	+ 대체충당금
+ 기타소득	순매도액	− 이자지급분	+ 원금상환분
유효총소득	− 미상환저당잔금	− 감가상각액	− 감가상각액
− 영업경비	세전지분복귀액	과세소득	과세소득
순영업소득	− 자본이득세	× 세율	× 세율
− 부채서비스액	세후지분복귀액	영업소득세	영업소득세
세전현금흐름			
− 영업소득세			
세후현금흐름			

※ 영업경비 계산 시 불포함 항목 : 취득세, 공실·불량부채, 부채서비스액, 소득세, 감가상각비, 소유자 급여, 개인적 업무비

할인현금흐름분석법(할인현금수지분석법)

1. 순현가법, 수익성지수법, 내부수익률법

구분	순현가법	수익성지수법	내부수익률법
현금유입	세후소득	세후소득	세후소득
재투자율	요구수익률	요구수익률	내부수익률
가치 가산원칙	성립	불성립	불성립
부(富)의 극대화	달성	×	×
투자의 결정	NPV $\geq$ 0	PI $\geq$ 1	IRR $\geq$ 요구수익률

2. 순현가법과 내부수익률법 비교

① 순현가법에서는 모든 예상되는 미래 현금흐름이 요구수익률로 재투자된다는 가정을 하고 있지만, 내부수익률법은 내부수익률로 재투자된다는 가정을 하고 있다.

② 순현가법은 가치의 가산원칙이 성립하나, 내부수익률법은 가치의 가산원칙이 성립하지 않는다.

③ 순현가법을 이용하여 투자안의 경제성을 평가하는 것이 기업의 부(富)의 극대화에 부합되는 의사결정방법이 된다.

④ 일반적으로 순현가법이 내부수익률법보다 투자판단의 준거로 선호된다.

$$\text{대부비율(LTV)} \atop \text{(융자, 저당비율)} = \frac{\text{융자액(부채잔금)}}{\text{부동산가치}}$$

$$\text{부채비율} = \frac{\text{부채(타인자본)}}{\text{자본(자기자본)}}$$

$$\text{총부채상환비율(DTI)} \atop \text{(소득 대비 부채비율)} = \frac{\text{연간부채상환액}}{\text{연간소득액}}$$

$$\text{부채감당률(DCR)} = \frac{\text{순영업소득}}{\text{부채서비스액}}$$

$$\text{채무불이행률} = \frac{\text{영업경비 + 부채서비스액}}{\text{유효총소득}}$$

$$\text{총자산회전율} = \frac{\text{총소득}}{\text{부동산가치}}$$

$$\text{영업경비비율} = \frac{\text{영업경비}}{\text{(유효)총소득}}$$

$$\text{유동비율} = \frac{\text{유동자산}}{\text{유동부채}}$$

① 담보인정비율(LTV)을 통해서 투자자가 재무레버리지를 얼마나 활용하고 있는지를 평가할 수 있다.

② 부채감당률이 '1'보다 작다는 것은 순영업소득이 부채서비스액을 감당하기에 부족하다는 것을 의미한다.

③ 대출기관이 채무불이행 위험을 낮추기 위해서는 해당 대출조건의 부채감당률을 높이는 것이 유리하다.

POINT 36 부동산금융과 저당대출(고정금리대출과 변동금리대출) 필살카 048~049

① 부동산보유자는 보유부동산의 증권화를 통해 유동성을 확보할 수 있다.

② 대출수수료와 조기상환수수료를 차입자가 부담하는 경우, 차입자의 실효이자율은 조기상환시점이 앞당겨질수록 상승한다.

③ 일반적으로 대출일 기준 시 이자율은 고정금리대출이 변동금리대출보다 높다.

④ 시장이자율 하락 시 고정금리대출을 실행한 대출기관은 차입자의 조기상환으로 인한 위험이 커진다.

⑤ 고정금리 주택담보대출은 차입자가 대출기간 동안 지불해야 하는 이자율이 동일한 형태로 시장금리의 변동에 관계없이 대출 시 확정된 이자율이 만기까지 계속 적용된다.

⑥ 변동금리 주택담보대출은 이자율 변동으로 인한 위험을 차입자에게 전가하는 방식으로 금융기관의 이자율 변동위험을 줄일 수 있는 장점이 있다.

⑦ 코픽스(cost of funds index)는 은행자금조달비용을 반영한 기준금리로 이전의 CD금리가 은행의 자금조달비용을 제대로 반영하지 못한다는 지적에 따라 도입되었다.

POINT 37 저당의 상환방법 필살카 050~051

1. 원금균등상환방식

① 융자기간 동안 원금상환액은 동일하나, 이자지급액은 점차 감소하여 매 기간에 상환하는 원리금상환액과 대출잔액이 점차적으로 감소하는 상환방식

② 시간이 지날수록 대출잔액(저당잔금)이 적어지므로 이자분은 줄어든다.

③ 원리금은 초기에 많고 후기에 적어진다.

2. 원리금균등상환방식

① 원리금상환액은 매기 동일하지만 원리금에서 원금과 이자가 차지하는 비중이 상환시기에 따라 다른 방식

② 원리금상환액은 동일하나 원금상환액은 점차 증가하고, 이자지급액은 점차 감소한다.

③ 원리금상환액(저당지불액) = 저당대부액 × 저당상수

⇨ 저당상수는 <u>원리금</u>균등상환방식을 전제로 함

※ <u>원금</u>균등상환방식이라고 하면 틀림

- 대출 초기(상환 첫 회) 원리금상환액은 원금균등상환방식이 원리금균등상환방식보다 많다.
- 대출자 입장에서는 차입자에게 원리금균등상환방식보다 원금균등상환방식으로 대출해 주는 것이 원금회수 측면에서 보다 안전하다.
- 원리금균등상환방식은 원금균등상환방식에 비해 초기 원리금에서 이자가 차지하는 비중이 크다.
- 차입자가 대출액을 중도상환할 경우 원금균등상환방식은 원리금균등상환방식보다 대출잔액이 적다.
- 원금균등상환방식은 원리금균등상환방식에 비해 전체 대출기간 만료 시 누적원리금상환액(총원리금상환액)이 더 적다.

3. 체증식(점증)상환방식

① 초기에는 지불금이 낮은 수준이나, 차입자의 수입이 증가함에 따라 지불금도 점진적으로 증가하는 방식으로, 장래에 소득이나 매출액이 늘어날 것으로 예상되는 개인과 기업에 대한 대출방식
② 대출 초기에 상환액이 적기 때문에 이자도 상환하지 못하는 경우가 발생되기도 함 ⇨ 부(−)의 상환이 나타남
③ 미래의 소득증가가 예상되는 젊은 저소득자에게 유리
④ 디플레이션기에 채무불이행 가능성이 크다.

프로젝트 금융(project financing, 프로젝트 파이낸싱) *필살카* 052~053

1. 의의

특정 프로젝트로부터 향후 일정한 현금흐름이 예상되는 경우, 사전 계약에 따라 미래에 발생할 현금흐름과 사업 자체 자산을 담보로 자금을 조달하는 금융기법

2. 특징

① 사업성이 담보 ⇨ 미래에 발생할 현금흐름과 사업 자체 자산을 담보
② 비소구금융(비상환청구금융) ⇨ 제한적 소구금융
③ 해당 프로젝트에서 발생하는 현금흐름에 의존
④ 대규모 자금이 소요되고 공사기간이 장기인 사업
⑤ 에스크로우 계정(escrow account) ⇨ 위탁계좌에 의한 자금관리
⑥ 프로젝트의 채무불이행 위험이 높아질수록 대출기관이 요구하는 금리가 높아진다.

3. 장단점

① 장점

  ㉠ 이해당사자 간에 위험배분이 가능

  ㉡ 사업주의 재무상태표에 해당 부채로 표시되지 않음 ⇨ 부외금융효과 ⇨ 채무수용능력이 제고

  ㉢ 금융기관은 높은 수익을 올릴 수 있으며, 정보의 비대칭성 문제 감소

  ㉣ 개발사업주와 개발사업의 현금흐름을 분리, 개발사업주의 파산이 개발사업에 영향을 미치지 않는다.

② 단점

  ㉠ 시간이 많이 소요

  ㉡ 사업지연이 초래

  ㉢ 추가비용이 발생

> **+PLUS 신디케이션(syndication), 조인트벤처(joint venture)**
>
> 1. 부동산 신디케이션(syndication) : 투자자가 직접투자하는 방안
> 2. 조인트벤처(joint venture) : 주로 부동산개발업자와 대출기관 사이에 형성되는데, 이때 대출기관은 개발사업에 저당투자자가 아닌 지분파트너(equity partner)로 참여하기 때문에 지분금융방식에 해당

POINT 39 주택연금제도
필살키 054

① 주택연금은 저당권방식과 신탁방식이 있는데, 저당권방식은 주택소유자가 주택에 저당권을 설정하고 연금방식으로 노후생활자금을 대출받는 방식이며, 신탁방식은 주택소유자와 공사가 체결하는 신탁계약에 따른 신탁등기(소유권이전)를 하고 연금방식으로 노후생활자금을 대출받는 방식이다.

② 주택연금은 역모기지(reverse mortgage)에 해당하며 시간이 지남에 따라 대출잔액이 늘어나는 구조이고, 일반적으로 비소구형 대출이다.

③ 주택연금의 대상주택은 「주택법」 제2조 제1호에 따른 주택, 지방자치단체에 신고된 노인복지주택 및 주거 목적 오피스텔 등이다.

④ 한국주택금융공사는 주택연금 담보주택의 가격하락에 대한 위험을 부담할 수 있다.

⑤ 종신지급방식에서 가입자가 사망할 때까지 지급된 주택연금 대출원리금이 담보주택 처분가격을 초과하더라도 초과 지급된 금액을 법정상속인이 상환하지 않는다.

주택저당증권(MBS)

구분	MPTS	MBB	MPTB	CMO
유형	지분형	채권형	혼합형	혼합형
트랜치 수	1	1	1	여러 개
주택저당채권집합물에 대한 소유권자	투자자	발행자	발행자	발행자
원리금 수취권자	투자자	발행자	투자자	투자자
조기상환위험 부담자	투자자	발행자	투자자	투자자
콜방어	불가	가능	미약	장기트랜치 투자 시 가능
초과담보	없다	크다	작다	작다

※ CMBS(Commercial Mortgage Backed Securities) : 금융기관이 보유한 상업용 부동산저당을 기초자산으로 발행하는 증권

구분	일반리츠(K-REITs)		기업구조조정리츠 (CR-REITs)
	자기관리 부동산투자회사	위탁관리 부동산투자회사	
회사 형태	「상법」상 주식회사		
실체 형태	실체회사(상근 임직원)	명목회사(비상근) 지점설치(×), 직원고용(×), 상근임원(×)	
설립자본금 (최저자본금)	5억원(70억원)	3억원(50억원)	
현물출자	영업인가 또는 등록 후, 최저자본금 갖춘 후 현물출자는 가능		
	➕ 부동산 + 지상권, 임차권 등 부동산 사용에 관한 권리, 신탁 수익권 등도 허용		
주식의 분산 (1인당 보유한도)	발행주식의 100분의 50을 초과하지 못함		제한 없음
주식공모	• 영업인가를 받거나 등록한 날부터 2년 이내에 발행 • 주식 총수의 100분의 30 이상을 일반의 청약에 제공		의무사항 아님
상장	상장요건을 갖춘 후 즉시		
회사의 자산구성	매 분기 말 현재 총자산의 100분의 80 이상을 부동산, 부동산 관련 증권 및 현금으로 구성(총자산의 100분의 70 이상은 부동산으로 구성)		매 분기 말 현재 총자산의 100분의 70 이상을 구조조정 관련 부동산으로 구성
운용기관	내부조직(상근직원 있음)	자산관리회사에 위탁(상근직원 없음)	
배당	50% 이상 배당	90% 이상 배당 시 법인세 비과세	
차입과 사채	원칙적으로 자기자본의 2배를 초과할 수 없으나 주주총회 특별 결의 시 그 합계가 자기자본의 10배 범위에서 가능		
합병제한	같은 종류의 부동산투자회사 간의 흡수합병의 방법으로 합병 가능		
감독기관	국토교통부장관, 금융위원회		
세제혜택	법인세 면제(×)	90% 이상 배당할 경우 법인세 면제(○)	

※ 감정평가사 또는 공인중개사로서 해당 분야에 5년 이상 종사한 사람은 자기관리 부동산투자회사의 상근 자산운용 전문인력이 될 수 있다.
※ 위탁관리 & 기업구조조정 부동산투자회사 ⇨ 지점설치(×), 직원고용(×), 상근임원(×)
※ 부동산투자회사는 부동산을 취득한 후 5년의 범위에서 대통령령으로 정하는 기간 이내에는 부동산을 처분하여서는 아니 된다.
※ 부동산투자회사는 부동산 등 자산의 운용에 관하여 회계처리를 할 때에는 금융위원회가 정하는 회계처리기준에 따라야 한다.
※ 자기관리 부동산투자회사의 경우는 해당 연도 이익배당한도의 100분의 50 이상을 주주에게 배당하여야 하며 이익준비금을 적립할 수 있다.

POINT 42 부동산 이용 *필살키* 059

① 동일한 산업경영이라도 그 입지조건이 더 양호한 경우에는 특별한 이익을 얻을 수 있는데, 이를 입지잉여라고 한다.

② 도시스프롤(urban sprawl) 현상은 산발적인 도시의 확대이고 대도시 외곽부에서 발달하는 무계획적 시가지 현상으로, 대도시의 도심지보다는 외곽부에서 더 발생한다.

③ 도시지역의 토지가격이 정상지가 상승분을 초과하여 급격히 상승한 경우, 직·주분리 현상을 심화시켜 통근거리가 길어지는 현상이 나타난다.

④ 직·주접근의 결과 도심의 주거용 건물이 고층화되는 현상이 나타날 수 있다.

⑤ 한계지는 주로 농경지 등의 용도전환으로 개발되지만, 지가형성은 농경지 등의 지가수준과는 무관한 경우가 많다.

POINT 43 부동산개발 *필살키* 060

1. 의의

① 토지를 건설공사의 수행으로 조성하는 행위

② 토지를 형질변경의 방법으로 조성하는 행위

③ 건축물을 「건축법」의 규정에 따라 건축·대수선·리모델링 또는 용도변경하는 행위

④ 공작물을 설치하는 행위

> **+PLUS** **부동산개발의 의의(부동산개발업의 관리 및 육성에 관한 법률 제2조 제1호)**
>
> 부동산개발이란 다음의 어느 하나에 해당하는 행위를 말한다. 다만, 시공을 담당하는 행위는 제외한다.
>
> 1. 토지를 건설공사의 수행 또는 형질변경의 방법으로 조성하는 행위
> 2. 건축물을 건축·대수선·리모델링 또는 용도변경하거나 공작물을 설치하는 행위. 이 경우 '건축', '대수선', '리모델링'은 「건축법」 제2조 제1항 제8호부터 제10호까지의 규정에 따른 '건축', '대수선' 및 '리모델링'을 말하고, '용도변경'은 같은 법 제19조에 따른 '용도변경'을 말한다.

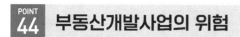
1. 법률(적)위험부담

① 토지이용규제와 같은 공법적인 측면과 소유권 관계와 같은 사법적인 측면에서 발생할 수 있는 위험

② 법률위험은 용도지역제와 같은 토지이용규제의 변화와 관계기관 인·허가 승인의 불확실성 등으로 야기될 수 있다.

⇨ 이용계획이 확정된 토지를 구입하는 것이 법률위험을 줄이는 방안

2. 시장위험부담

① 부동산시장의 불확실성이 개발업자에게 지우는 부담

② 시장위험은 개발기간 중 이자율의 변화, 시장침체에 따른 공실의 장기화 등이 원인일 수 있다.

⇨ 시장연구 & 시장성연구를 통해 시장위험을 최소화

3. 비용위험부담

① 개발기간이 예상보다 길어진다든지, 예상하지 못한 인플레이션이 발생한다든지 하여 비용부담이 증가하는 위험

② 비용위험은 추정된 토지비, 건축비, 설계비 등 개발비용의 범위 내에서 개발이 이루어져야 하는데, 인플레이션 및 예상치 못한 개발기간의 장기화 등으로 발생할 수 있다.

⇨ 최대가격보증계약을 통해 비용위험을 줄임

POINT 45 부동산개발의 타당성분석 *필살키* 063

지역경제분석	대상지역의 부동산 수요에 영향을 미치는 인구, 고용, 소득 등의 요인을 분석
시장분석	특정지역이나 부동산 유형에 대한 수요와 공급 등을 분석
시장성분석	개발부동산이 현재나 미래의 시장에서 매매되거나 임대될 수 있는 능력을 조사하는 것 ⇨ 흡수율분석
타당성분석	개발사업에 투자자금을 끌어들일 수 있을 정도로 충분한 수익이 발생하는지 분석하는 것
투자분석	투자자의 목적, 다른 투자대안의 수익성 등을 검토하여 대상개발사업의 채택 여부를 결정하는 것

1. 자체개발사업방식

① 토지소유자가 사업기획을 하고 직접 자금조달을 하여 건설을 시행하는 방식
② 장점 : 개발사업의 이익이 모두 토지소유자에게 귀속되고, 사업시행자의 의도대로 사업추진이 가능하며, 사업시행의 속도도 빠르다.
③ 단점 : 사업의 위험성이 매우 높고, 자금조달의 부담이 크며, 위기관리능력이 요구된다.

2. 지주공동사업

① 토지소유자는 토지를 제공하고 개발업자는 개발의 노하우를 제공하여 서로의 이익을 추구하는 형태
② 불확실하고 위험도가 큰 부동산개발사업에 대한 위험을 지주와 개발업자 간에 분산할 수 있다는 장점이 있다.
③ 공사비대물변제형, 분양금공사비 지급형, 사업위탁형 등이 있다.

3. 토지신탁(개발)방식

① 토지소유자로부터 형식적인 소유권을 이전받은 신탁회사가 토지를 개발·관리·처분하여 그 수익을 수익자에게 돌려주는 방식
② 사업위탁방식과 유사하나 가장 큰 차이점은 신탁회사에 형식상의 소유권이 이전된다는 것이다.

4. 컨소시엄 구성방식

사업의 안정성 확보라는 점에서 장점이 있으나, 사업시행에 시간이 오래 걸리고, 출자회사 간 상호 이해조정이 필요하며, 책임의 회피현상이 있을 수 있다는 단점이 있다.

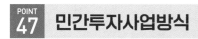
BTO방식 (Build-Transfer-Operate)	사회간접자본시설의 준공과 함께 시설의 소유권이 정부 등에 귀속되지만, 민간 사업자가 정해진 기간 동안 시설에 대한 운영권을 갖고 수익을 내는 민간투자 사업방식 예 도로, 터널 등
BTL방식 (Build-Transfer-Lease)	민간사업자가 개발한 시설의 소유권을 준공과 동시에 공공에 귀속시키고 민간 사업자는 시설관리운영권을 가지며, 공공은 그 시설을 임차하여 사용하는 민간 투자사업방식 예 학교 건물, 기숙사, 도서관, 군인아파트 등
BOT방식 (Build-Operate-Transfer)	민간사업자가 스스로 자금을 조달하여 시설을 건설하고, 일정기간 소유·운영 한 후, 사업이 종료한 때 국가 또는 지방자치단체 등에 시설의 소유권을 이전하 는 민간투자사업방식
BLT방식 (Build-Lease-Transfer)	민간사업자가 사회간접자본시설을 준공한 후 일정기간 동안 운영권을 정부에 임대하여 투자비를 회수하며, 약정 임대기간 종료 후 시설물을 정부 또는 지방 자치단체에 이전하는 민간투자사업방식
BOO방식 (Build-Own-Operate)	시설의 준공과 함께 사업시행자가 소유권과 운영권을 갖는 민간투자사업방식

1. 의의

부동산신탁이란 위탁자(부동산소유자)가 수탁자(부동산신탁회사)와 신탁계약을 체결한 후 부동산 을 수탁자에게 소유권 이전 및 신탁등기를 하고나면 수탁자는 신탁계약에서 정한 목적 달성을 위 하여 신탁부동산을 개발·관리·처분하여 발생한 수익 또는 잔존부동산을 신탁 종료 시 수익자에게 교부하는 제도를 말한다.

2. 토지(개발)신탁

토지소유자가 토지를 개발하기 위한 목적으로 가입하는 신탁을 말한다. 신탁회사는 신탁계약에 따 라 사업비 조달, 시공사 선정 등의 개발 사업을 수행한다. 사업이 완료되면 신탁회사는 신탁보수, 비용 등을 정산한 뒤 수익을 수익자에게 지급하는 것으로 신탁계약은 종료된다.

3. 부동산관리신탁

부동산의 소유자가 부동산의 관리서비스를 받기 위한 목적으로 가입하는 것으로 부동산의 소유권 관리, 건물수선 및 유지, 임대차관리 등 제반 부동산 관리 업무를 신탁회사가 수행하는 방식이다.

4. 부동산처분신탁

권리관계가 복잡하여 처분에 어려움이 있는 부동산이나 부동산의 규모가 큰 고가의 부동산을 효율적으로 처분하기 위해 이용한 신탁이다.

5. 부동산담보신탁

위탁자(부동산소유자)가 소유권을 수탁자(신탁회사)에게 이전하고 수탁자(신탁회사)로부터 수익증권을 교부받아 수익증권을 담보로 금융기관에서 대출을 받는 신탁을 말한다.

6. 분양관리신탁

상가 등 건축물 분양의 투명성과 안정성을 확보하기 위하여 신탁회사에게 사업부지의 신탁과 분양에 따른 자금관리업무를 부담시키는 제도이다.

POINT 49 부동산관리의 방식 *필살카* 068

구분	장점	단점
자가 관리	① 입주자에 대한 최대한의 서비스 제공 ② 소유자의 강한 지시통제력 발휘 ③ 관리 각 부문을 종합적으로 운영 ④ 기밀유지와 보안관리가 양호 ⑤ 설비에 대한 애호정신이 높고 유사시 협동이 신속 ⑥ 양호한 환경보전이 가능	① 업무의 적극적 의욕 결여(타성화되기 쉬움) ② 관리의 전문성 결여 ③ 인력관리가 비효율적(참모체계가 방대해질 수 있음) ④ 인건비가 불합리하게 지불될 우려 ⑤ 임대료의 결정·수납이 불합리적
위탁 관리	① 전문적 관리와 서비스가 가능 ② 소유자는 본업에 전념할 수 있음 ③ 부동산관리비용이 저렴하고 안정됨 ④ 관리를 위탁함으로써 자사의 참모체계의 단순화 가능 ⑤ 급여 체제나 노무의 단순화 ⑥ 관리의 전문성으로 인하여 전문업자의 활용이 합리적	① 전문관리회사의 선정이 어려움 ② 관리요원의 인사이동이 심해 관리하자 우려 ③ 관리요원의 소질과 기술의 저하 ④ 관리사 또는 전문관리회사의 신뢰도가 의심스러움 ⑤ 부동산 관리요원들의 부동산설비에 대한 애호정신이 낮음 ⑥ 기밀유지 및 보안의 불완전
혼합 관리	① 강한 지도력을 계속 확보하고 위탁관리의 편리를 이용 ② 부득이한 업무부분만을 위탁(주로 기술적 부분을 위탁) ③ 과도기(자가관리 ⇨ 위탁관리)적 방식으로 이용이 편리	① 책임소재가 불명확하며 전문업자를 충분히 활용할 수 없음 ② 관리요원 사이의 원만한 협조 곤란 ③ 운영이 악화되면 양 방식의 결점만 노출

1. 시장점유 마케팅 전략 ⇨ 판매자 중심

부동산 공급자가 부동산시장을 점유하기 위한 전략

① STP 전략

    ㉠ 시장세분화(Segmentation) : 마케팅활동을 수행하기 위하여 구매자의 집단을 세분하는 것

        ⇨ 세분시장은 개념적으로 구분될 수 있으며 각각의 시장은 상이한 마케팅 믹스 요소에 대해 다르게 반응하며, 그 규모와 구매력 등의 특성이 측정될 수 있어야 한다.

    ㉡ 표적시장(Target) : 세분된 시장 중에서 부동산기업이 표적으로 삼아 마케팅활동을 수행하는 시장

    ㉢ 시장차별화(Positioning) : 목표시장에서 고객의 욕구를 파악하여 경쟁 제품과 차별성을 가지도록 제품 개념을 정하고 소비자의 지각 속에 적절히 위치시키는 것

② 4P Mix 전략 : 제품(Product), 가격(Price), 유통경로(Place), 판매촉진(Promotion) 전략

2. 고객점유 마케팅 전략 ⇨ 구매자 중심 – AIDA 전략

① 소비자의 구매의사 결정과정의 각 단계에서 소비자와의 심리적인 접점을 마련하고 전달하려는 메시지의 취지와 강약을 조절하는 전략

② AIDA 원리를 적용하여 소비자의 욕구를 충족시키기 위한 마케팅 전략

    ⇨ 주의(Attention), 관심(Interest), 욕망(Desire), 행동(Action)

3. 관계마케팅 전략

생산자(공급자)와 소비자 간의 장기적·지속적인 관계유지를 주축으로 하는 마케팅 전략

※ 바이럴 마케팅(viral marketing) 전략 : SNS, 블로그 등 다양한 매체를 통해 해당 브랜드나 제품에 대해 입소문을 내게 하여 마케팅 효과를 극대화시키는 것

POINT 51 「감정평가에 관한 규칙」의 용어 정의 *필살키* 070

① **시장가치** : 감정평가의 대상이 되는 토지등(대상물건)이 통상적인 시장에서 충분한 기간 동안 거래를 위하여 공개된 후 그 대상물건의 내용에 정통한 당사자 사이에 신중하고 자발적인 거래가 있을 경우 성립될 가능성이 가장 높다고 인정되는 대상물건의 가액(價額)을 말한다.

② **기준시점** : 대상물건의 감정평가액을 결정하는 기준이 되는 날짜를 말한다.

③ **기준가치** : 감정평가의 기준이 되는 가치를 말한다.

④ **가치형성요인** : 대상물건의 경제적 가치에 영향을 미치는 일반요인, 지역요인 및 개별요인 등을 말한다.

⑤ **원가법** : 대상물건의 재조달원가에 감가수정(減價修正)을 하여 대상물건의 가액을 산정하는 감정평가방법을 말한다.

⑥ **적산법(積算法)** : 대상물건의 기초가액에 기대이율을 곱하여 산정된 기대수익에 대상물건을 계속하여 임대하는 데에 필요한 경비를 더하여 대상물건의 임대료(賃貸料, 사용료를 포함)를 산정하는 감정평가방법을 말한다.

⑦ **거래사례비교법** : 대상물건과 가치형성요인이 같거나 비슷한 물건의 거래사례와 비교하여 대상물건의 현황에 맞게 사정보정(事情補正), 시점수정, 가치형성요인 비교 등의 과정을 거쳐 대상물건의 가액을 산정하는 감정평가방법을 말한다.

⑧ **임대사례비교법** : 대상물건과 가치형성요인이 같거나 비슷한 물건의 임대사례와 비교하여 대상물건의 현황에 맞게 사정보정, 시점수정, 가치형성요인 비교 등의 과정을 거쳐 대상물건의 임대료를 산정하는 감정평가방법을 말한다.

⑨ **공시지가기준법** : 「감정평가 및 감정평가사에 관한 법률」 제3조 제1항 본문에 따라 감정평가의 대상이 된 토지(대상토지)와 가치형성요인이 같거나 비슷하여 유사한 이용가치를 지닌다고 인정되는 표준지(비교표준지)의 공시지가를 기준으로 대상토지의 현황에 맞게 시점수정, 지역요인 및 개별요인 비교, 그 밖의 요인의 보정(補正)을 거쳐 대상토지의 가액을 산정하는 감정평가방법을 말한다.

⑩ **수익환원법(收益還元法)** : 대상물건이 장래 산출할 것으로 기대되는 순수익이나 미래의 현금흐름을 환원하거나 할인하여 대상물건의 가액을 산정하는 감정평가방법을 말한다.

⑪ **수익분석법** : 일반기업 경영에 의하여 산출된 총수익을 분석하여 대상물건이 일정한 기간에 산출할 것으로 기대되는 순수익에 대상물건을 계속하여 임대하는 데에 필요한 경비를 더하여 대상물건의 임대료를 산정하는 감정평가방법을 말한다.

⑫ **감가수정** : 대상물건에 대한 재조달원가를 감액하여야 할 요인이 있는 경우에 물리적 감가, 기능적 감가 또는 경제적 감가 등을 고려하여 그에 해당하는 금액을 재조달원가에서 공제하여 기준시점에 있어서의 대상물건의 가액을 적정화하는 작업을 말한다.

⑬ **적정한 실거래가** : 「부동산 거래신고 등에 관한 법률」에 따라 신고된 실제 거래가격(거래가격)으로서 거래 시점이 도시지역(국토의 계획 및 이용에 관한 법률 제36조 제1항 제1호에 따른 도시지역)은 3년 이내, 그 밖의 지역은 5년 이내인 거래가격 중에서 감정평가법인등이 인근지역의 지가수준 등을 고려하여 감정평가의 기준으로 적용하기에 적정하다고 판단하는 거래가격을 말한다.

⑭ **인근지역** : 감정평가의 대상이 된 부동산(대상부동산)이 속한 지역으로서 부동산의 이용이 동질적이고 가치형성요인 중 지역요인을 공유하는 지역을 말한다.

⑮ **유사지역** : 대상부동산이 속하지 아니하는 지역으로서 인근지역과 유사한 특성을 갖는 지역을 말한다.

⑯ **동일수급권(同一需給圈)** : 대상부동산과 대체·경쟁 관계가 성립하고 가치형성에 서로 영향을 미치는 관계에 있는 다른 부동산이 존재하는 권역(圈域)을 말하며, 인근지역과 유사지역을 포함한다.

POINT 52 부동산가치의 발생요인 *필살키* 071

1. 부동산의 효용(utility ; 유용성) ⇨ 수요

인간의 필요나 욕구를 만족시켜 줄 수 있는 재화의 능력
① 주거용 부동산 ⇨ 쾌적성 + 편리성
② 상업용 부동산 ⇨ 수익성
③ 공업용 부동산 ⇨ 생산성

2. 부동산의 상대적 희소성 ⇨ 공급

인간의 욕망에 비해 욕망의 충족수단이 질적·양적으로 한정되어 있어서 부족한 상태

3. 부동산에 대한 유효수요 ⇨ 수요

대상부동산을 구매하고자 하는 욕구로, 지불능력(구매력)을 필요로 함

4. 부동산의 이전성(transferability) ⇨ 부동산소유권의 법적 이전

부동산의 물리적인 이동이 아니라 부동산소유권에 대한 명의가 자유롭게 이전될 수 있어야 한다는 것

구분	지역분석	개별분석
분석순서	선행분석	후행분석
분석내용	가치형성의 지역적 요인을 분석	가치형성의 개별적 요인을 분석
분석범위	대상지역 (대상지역에 대한 전체적·광역적·거시적 분석)	대상부동산 (대상부동산에 대한 부분적·구체적·미시적 분석)
분석방법	전반적 분석	개별적 분석
분석기준	표준적 이용	최유효이용
가격관련	가격 수준	(구체적인) 가격
가격원칙	적합의 원칙	균형의 원칙

1. 시간의 원칙

① 변동의 원칙(변화의 원칙) : 부동산의 가치는 부동산가치 형성요인의 상호 인과관계적 결합과 그것의 변동과정에서 형성·변화된다는 원칙이다.

② 예측의 원칙(예상·기대의 원칙) : 부동산의 가치가 해당 부동산의 장래의 수익성이나 쾌적성에 대한 예측의 영향을 받아서 결정된다는 원칙이다.

2. 내부의 원칙

① 균형의 원칙(비례의 원칙) ⇨ 기능적 감가 : 부동산의 유용성(수익성 또는 쾌적성)이 최고도로 발휘되기 위해서는 그 내부구성요소의 조합이 균형을 이루고 있어야 한다는 원칙이다.

② 기여의 원칙(공헌의 원칙) : 부동산가치는 부동산 각 구성요소의 가치에 대한 공헌도에 따라 영향을 받는다는 원칙이다. ⇨ 균형의 원칙에 선행

③ 수익체증·체감의 원칙 : 부동산의 단위투자액을 계속적으로 증가시키면, 이에 따라 총수익은 증가되지만 증가되는 단위투자액에 대응하는 수익은 증가하다가 일정한 수준을 넘으면 점차 감소하게 된다는 원칙이다. ⇨ 수확체감의 법칙에 근거

④ 수익배분의 원칙(잉여생산성의 원칙) : 총수익은 노동·자본·토지·경영 등의 각 생산요소에 분배되는데, 노동·자본·경영에 배분되고 남은 잔여분(잉여생산성)은 그 배분이 정당하게 행하여지는 한 토지에 귀속된다는 원칙이다.

3. 외부의 원칙

① 적합의 원칙(조화의 원칙) ⇨ 경제적 감가 : 부동산의 수익성 또는 쾌적성이 최고도로 발휘되기 위해서는 대상부동산이 그 주위 환경에 적합하여야 한다는 원칙이다.

② 외부성의 원칙 : 대상부동산의 가치가 외부요인에 의해서 영향을 받는다는 평가원칙이다.

③ 경쟁의 원칙 : 초과이윤은 경쟁을 야기시키고, 경쟁은 초과이윤을 감소 또는 소멸시킨다는 원칙이다.

4. 기타 원칙

① 수요·공급의 원칙 : 부동산의 특성으로 인하여 제약을 받지만 부동산가치도 기본적으로 수요와 공급 상호관계에 의하여 결정된다는 원칙이다.

② 대체의 원칙 : 부동산의 가치는 대체가 가능한 다른 부동산이나 재화의 가격과의 상호 영향으로 형성된다는 원칙이다. ⇨ 용도·기능·가격면에서의 대체를 의미

③ 기회비용의 원칙 : 어떤 투자대상의 가치평가를 그 투자대상의 기회비용에 의하여 평가한다는 원칙이다.

5. 최유효(최고·최선)이용의 원칙

① 의의 : 부동산가치는 최유효이용을 전제로 파악되는 가치를 표준으로 형성된다는 원칙이다.
⇨ 가치추계의 전제가 되는 원칙

② **최유효이용의 판정기준** : 최유효이용은 대상부동산의 물리적 채택가능성, 합리적이고 합법적
인 이용, 최고수익성을 기준으로 판정할 수 있다.

> **+PLUS 최유효이용의 정의**
>
> 객관적으로 보아 양식과 통상의 이용능력을 가진 사람이 부동산을 합리적·합법적인 최고·최선의 방법으로 이용하
> 는 것

POINT 56 원가법　　　*필살키* 075

1. 재조달원가(재생산비용)

(1) 의의 : 대상물건을 기준시점에 재생산하거나 재취득하는 데 필요한 적정원가의 총액

(2) 재조달원가의 종류

① 복제원가(reproduction cost, 복조원가) : 물리적 측면의 원가

② 대치원가(replacement cost, 대체비용) : 효용 측면의 원가

③ 복제원가와 대치원가의 비교

　㉠ 이론적 ⇨ 대치원가가 설득력

　㉡ 실무상 ⇨ 복제원가를 채택하는 것이 더 정확한 가치를 구할 수 있음

(3) 재조달원가의 산정기준

① 건물의 재조달원가 : 도급건설이든 자가건설이든 도급건설에 준하여 처리

> **건물의 재조달원가 = 표준적 도급건설비용 + 통상부대비용**

② 토지의 재조달원가

2. 감가수정

(1) 의의 : 대상물건에 대한 재조달원가를 감액하여야 할 요인이 있는 경우에 물리적 감가, 기능적 감가,
경제적 감가 등을 고려하여 그에 해당하는 금액을 재조달원가에서 공제하여 기준시점에 있어서의
대상물건의 가액을 적정화하는 작업

(2) 감가의 요인

① 물리적 감가요인 ⇨ 치유 가능 또는 치유 불가능한 감가
   - 사용으로 인한 마멸 및 파손
   - 시간의 경과에 따른 노후화
   - 재해 등의 우발적인 사고로 인한 손상

② 기능적 감가요인(균형의 원칙) ⇨ 치유 가능 또는 치유 불가능한 감가
   - 건물과 부지의 부적응
   - 형식의 구식화, 설계의 불량
   - 설비의 과부족 및 능률의 저하

③ 경제적 감가요인(적합의 원칙) ⇨ 치유 불가능한 감가
   - 부동산과 그 부근 환경과의 부적합
   - 인근지역의 쇠퇴
   - 대상부동산의 시장성 감퇴

(3) 감가수정의 방법

① 내용연수에 의한 방법

　㉠ 정액법(균등상각법, 직선법)
　　ⓐ 의의 : 부동산의 감가총액을 단순한 경제적 내용연수로 평분하여 매년의 상각액을 산출하는 방법
　　ⓑ 특징
　　　- 매년 일정액씩 감가
　　　- 감가누계액이 경과연수에 정비례하여 증가
　　ⓒ 장점 : 계산이 간단하고 용이
　　ⓓ 단점 : 실제의 감가와 불일치
　　ⓔ 적용대상 : 건물·구축물

　㉡ 정률법(체감상각법, 잔고점감법)
　　ⓐ 의의 : 매년 말 가치에 일정한 상각률을 곱하여 매년의 상각액을 산출하는 방법
　　ⓑ 특징
　　　- 매년 일정률로 감가
　　　- 상각률 ⇨ 일정, 상각액 ⇨ 점차 감소
　　　- 상각액이 첫해에 가장 많고, 재산가치가 체감됨에 따라 상각액도 체감
　　ⓒ 장점 : 능률이 높은 초기에 많이 감가 ⇨ 안전하게 자본회수
　　ⓓ 단점 : 매년 상각액이 상이하여 매년 상각액이 표준적이지 못함
　　ⓔ 적용대상 : 기계·기구 등의 동산 평가

© 상환기금법(감채기금법) : 대상부동산의 내용연수가 만료되는 때에 감가누계상당액과 그
  에 대한 복리계산의 이자상당액을 포함하여 당해 내용연수로 상환하는 방법
② 관찰감가법(관찰상태법) : 대상부동산 전체 또는 구성부분에 대하여 실태를 조사하여 물리적·
  기능적·경제적 감가요인과 감가액을 직접 관찰하여 구하는 방법
③ 분해법 : 대상부동산에 대한 감가요인을 물리적·기능적·경제적 요인으로 세분한 후 이에 대한
  감가액을 각각 별도로 측정하고 이것을 전부 합산하여 감가수정액을 산출하는 방법 ⇨ 분해법
  또는 내구성 분해방식

POINT 57 거래사례비교법 필살키 076

1. 의의

대상물건과 가치형성요인이 같거나 비슷한 물건의 거래사례와 비교하여 대상물건의 현황에 맞게
사정보정(事情補正), 시점수정, 가치형성요인 비교 등의 과정을 거쳐 대상물건의 가액을 산정하는
감정평가방법을 말한다.

사례가액 × (사정보정치 × 시점수정치 × 지역요인비교치 × 개별요인비교치 × 면적) = 비준가액

2. 사례자료의 정상화

① 사정보정(매매상황 및 조건에 대한 수정)
  ⊙ 사정보정의 산정

$$\text{사정보정치} = \frac{\text{대상부동산}}{\text{사례부동산}}$$

> **+PLUS** **보정방법**
>
> 1. 보정대상 : ~이, ~가
>   ┌ 우세, 고가 ⇨ 100 + α (%)
>   └ 열세, 저가 ⇨ 100 − α (%)
> 2. 비교대상 : ~보다 ⇨ 100

  ⊙ 사정보정을 하지 않아도 되는 경우
    ⓐ 특별한 사정이 개입되지 않은 거래사례(대표성이 있는 거래사례)
    ⓑ 표준지공시지가를 기준으로 평가할 경우

② 시점수정(시장상황에 대한 수정)

　　㉠ 시점수정의 방법

　　　ⓐ 지수법

$$시점수정치 = \frac{기준시점의\ 지수}{거래시점의\ 지수}$$

　　　ⓑ 변동률 적용법

$$시점수정치 = (\ 1 \pm R\ )^n\ [R : 물가변동률,\ n : 연수(年數)]$$

　　㉡ 시점수정을 하지 않아도 되는 경우

　　　ⓐ 기준시점과 거래시점이 동일한 경우 ⇦ 소급평가의 경우

　　　ⓑ 기준시점과 거래시점이 달라도 시장상황이 변하지 않아 가치가 불변인 경우

③ 지역요인 및 개별요인의 비교

　　㉠ 사례부동산이 인근지역의 것일 때 ⇨ 지역적 요인은 동일하므로 개별적 요인만을 비교하여 개별격차를 판정

　　㉡ 사례부동산이 유사지역의 것일 때 ⇨ 사례부동산과 대상부동산의 지역적 요인을 비교하여 지역격차를 판정한 후 개별적 요인을 비교하여 개별격차를 판정

POINT 58 자본환원율(환원이율) 구하는 방법　　　필살키 077

① 시장추출법(시장비교방식) : 대상부동산과 유사성 있는 거래사례로부터 순수익을 구하여 사정보정, 시점수정 등을 거쳐 환원이율을 추출

② 조성법(요소구성법)

　　㉠ 환원이율 = 순수이율 ± 부동산투자활동의 위험률

　　㉡ 이론적으로는 타당성 있으나 주관 개입 가능성이 크다.

③ 투자결합법(이자율 합성법)

　　㉠ 물리적 투자결합법

　　　자본환원율 = (토지환원율 × 토지가격구성비) + (건물환원율 × 건물가격구성비)

　　㉡ 금융적 투자결합법

　　　자본환원율 = (지분환원율 × 지분비율) + (저당환원율 × 저당비율)

④ 저당지분방식(엘우드법)

　　㉠ 금융적 투자결합법을 개량, 저당조건을 고려(○), 세금을 고려(×)

　　㉡ 매 기간 동안의 세전현금흐름, 기간 말 부동산의 가치증감분, 보유기간 동안의 지분형성분

⑤ 부채감당법 : 자본환원율 = 부채감당률 × 대부비율 × 저당상수

1. 토지와 건물의 일괄감정평가

「집합건물의 소유 및 관리에 관한 법률」에 따른 구분소유권의 대상이 되는 <u>건물부분과 그 대지사용</u> <u>권을 일괄하여 감정평가하는 경우 등 토지와 건물을 일괄하여 감정평가할 때에는 거래사례비교법</u>을 적용하여야 한다. 이 경우 감정평가액은 합리적인 기준에 따라 토지가액과 건물가액으로 구분하여 표시할 수 있다.

2. 소음 등으로 인한 대상물건의 가치하락분에 대한 감정평가

<u>소음·진동·일조침해 또는 환경오염 등</u>으로 대상물건에 직접적 또는 간접적인 피해가 발생하여 대상물건의 가치가 하락한 경우 그 가치하락분을 감정평가할 때에 소음 등이 발생하기 전의 대상물건의 가액 및 <u>원상회복비용 등을 고려</u>해야 한다.

> **+PLUS** 물건별 감정평가
>
> • 건물, 건설기계, 선박, 항공기 ⇨ 원가법
> • 동산, 산림, 과수원, 자동차 ⇨ 거래사례비교법
> • 영업권, 어업권, 광업재단, 기업가치 ⇨ 수익환원법
> • 토지 ⇨ 공시지가기준법
> • 임대료 ⇨ 임대사례비교법

구분			공시주체
공시지가제도	표준지공시지가		국토교통부장관
	개별공시지가		시장·군수·구청장
주택가격 공시제도	단독주택	표준주택가격	국토교통부장관
		개별주택가격	시장·군수·구청장
	공동주택		국토교통부장관
비주거용 부동산가격 공시제도	비주거용 일반부동산 가격공시제도	비주거용 표준부동산 가격공시	국토교통부장관
		비주거용 개별부동산 가격공시	시장·군수·구청장
	비주거용 집합부동산 가격공시제도		국토교통부장관

1. 공시지가제도

(1) 표준지공시지가

① 의의 : 국토교통부장관이 조사·평가하여 공시한 표준지의 단위면적당 가격

② 공시기준일 : 매년 1월 1일, 국토교통부장관이 공시

③ 이의신청 : 공시일로부터 30일 이내에 서면으로 국토교통부장관에게 이의신청 가능

④ 공시사항 : 표준지의 지번, 지목, 단위면적당 가격, 면적 및 형상, 표준지 및 주변토지의 이용사항, 용도지역, 도로상황, 그 밖에 표준지공시지가 공시에 필요한 사항

※ 표준지에 건물 또는 그 밖의 정착물이 있거나 지상권 또는 그 밖의 토지의 사용·수익을 제한하는 권리가 설정되어 있을 때에는 그 정착물 또는 권리가 존재하지 아니하는 것으로 보고 표준지공시지가를 평가하여야 한다.

(2) 개별공시지가

① 의의 : 시장·군수 또는 구청장이 표준지공시지가를 기준(토지가격비준표)으로 산정

② 공시일 : 시장·군수·구청장이 매년 5월 31일까지 공시

③ 이의신청 : 개별공시지가 결정·공시일부터 30일 이내에 서면으로 시장·군수 또는 구청장에게 이의신청

※ 표준지로 선정된 토지에 대해서는 해당 토지의 공시지가를 개별공시지가로 본다. 따라서 표준지로 선정된 토지에 대하여 개별공시지가를 결정·공시하지 않아도 된다.

2. 주택가격공시제도

(1) 단독주택가격공시제도

① 표준주택가격공시제도

 ㉠ 공시기준일 : 매년 1월 1일, 국토교통부장관이 공시

 ㉡ 대표성이 인정되는 주택을 표준주택으로 선정하여 적정가격을 조사·평가

 ㉢ 이의신청 : 공시일로부터 30일 이내에 서면으로 국토교통부장관에게 이의신청 가능

 ※ 표준주택에 전세권 또는 그 밖에 단독주택의 사용·수익을 제한하는 권리가 설정되어 있을 때에는 그 권리가 존재하지 아니하는 것으로 보고 적정가격을 산정하여야 한다.

② 개별주택가격공시제도

 ㉠ 개별주택은 시장·군수·구청장이 표준주택가격을 기준으로 개별주택가격을 조사·산정하여 공시

 ㉡ 공시일 : 시장·군수 또는 구청장이 매년 4월 30일까지 공시

 ㉢ 이의신청 : 공시일로부터 30일 이내에 주택 소재지 시장·군수·구청장에게 이의신청 가능

(2) 공동주택가격공시제도

① 공동주택은 표준주택과 개별주택으로 구분하지 않으며 한국부동산원에서 전수 조사하여 가격을 공시

② 국토교통부장관이 매년 4월 30일까지 공시

③ 공시기준일 : 매년 1월 1일

④ 이의신청 : 공시일부터 30일 이내에 서면으로 국토교통부장관에게 이의신청 가능

(3) 주택가격공시의 효력

① 표준주택가격은 국가·지방자치단체 등이 그 업무와 관련하여 개별주택가격을 산정하는 경우에 그 기준이 된다.

② 개별주택가격 및 공동주택가격은 주택시장의 가격정보를 제공하고, 국가·지방자치단체 등이 과세 등의 업무와 관련하여 주택의 가격을 산정하는 경우에 그 기준으로 활용될 수 있다.

마무리

100선

필살키 p.10 합격서 p.12

필살키 001 | 한국표준산업분류(KSIC)

한국표준산업분류(KSIC)에 따른 부동산업의 세분류 항목에 해당하지 <u>않는</u> 것은?

① 부동산임대업
② 부동산개발 및 공급업
③ 주거용 건물 건설업
④ 부동산관리업
⑤ 부동산중개, 자문 및 감정평가업

해설

<u>주거용 건물 건설업</u>은 한국표준산업분류(KSIC ; Korean Standard Industrial Classification)에서 부동산업이 아닌 <u>건설업</u>에 해당한다.

[한국표준산업분류(제10차)상의 부동산업]

대분류	중분류	소분류	세분류	세세분류
부동산업	부동산업	부동산임대 및 공급업	부동산임대업	㉠ 주거용 건물임대업
				㉡ 비주거용 건물임대업
				㉢ 기타 부동산임대업
			부동산개발 및 공급업	㉠ 주거용 건물개발 및 공급업
				㉡ 비주거용 건물개발 및 공급업
				㉢ 기타 부동산개발 및 공급업
		부동산 관련 서비스업	부동산관리업	㉠ 주거용 부동산관리업
				㉡ 비주거용 부동산관리업
			부동산중개, 자문 및 감정평가업	㉠ 부동산중개 및 대리업
				㉡ 부동산투자 자문업
				㉢ 부동산 감정평가업

정답 ③

필살키 002　부동산의 개념

부동산의 개념에 관한 설명으로 틀린 것은?

① 「민법」에서 부동산은 '토지 및 그 정착물'을 말한다.

② 준부동산은 등기·등록의 공시방법을 갖춤으로써 부동산에 준하여 취급되는 특정의 동산 등을 말한다.

③ 협의의 부동산과 준부동산을 합쳐 광의의 부동산이라 하며, 자본, 자산 등과 함께 기술적 측면에서의 부동산으로 구분된다.

④ 복합개념의 부동산이란 부동산을 법률적·경제적·기술적 측면 등이 복합된 개념으로 이해하는 것을 말한다.

⑤ 토지와 건물이 각각 독립된 거래의 객체이면서도 마치 하나의 결합된 상태로 다루어져 부동산활동의 대상으로 인식될 때 이를 복합부동산이라 한다.

해설

협의의 부동산과 준부동산을 합쳐 광의의 부동산이라 하며, 이는 <u>법률적 측면</u>에서의 부동산으로 구분된다. <u>자본, 자산 등은 경제적 측면</u>에서의 부동산에 해당한다.

정답 ③

필살키 003　토지의 분류 및 용어(1)

토지의 분류 및 용어에 관한 설명으로 옳은 것은?

> ㉠ 나지(裸地)는 택지 중 정착물이 없는 토지로서 공법상 제한이 없는 토지를 말한다.
> ㉡ 건부지(建敷地)는 건축물의 부지로 이용 중인 토지 또는 건축물의 부지로 이용 가능한 토지를 말한다.
> ㉢ 획지(劃地)는 하나의 필지 중 일부에 대해서도 성립한다.
> ㉣ 공지란 「건축법」에 의한 건폐율 등의 제한으로 인해 한 필지 내에 건물을 꽉 메워서 건축하지 않고 남겨둔 토지이다.
> ㉤ 일단지(一團地)는 용도상 불가분의 관계에 있는 두 필지 이상을 합병한 토지를 말한다.

① ㉠　　　　　　　　② ㉡

③ ㉠, ㉡　　　　　　④ ㉢, ㉣

⑤ ㉢, ㉤

해설

㉠ 나지란 토지에 건물이나 그 밖의 정착물이 없고, 지상권 등 토지의 사용·수익을 제한하는 <u>사법상의 권리가 설정되어 있지 아니한 토지</u>로 공법상의 규제는 존재할 수 있다.

㉡ 건부지(建敷地)는 <u>건축물의 부지로 이용 가능한 토지가 아닌 건축물의 부지로 이용 중인 토지</u>를 말한다.

㉤ 일단지(一團地)는 용도상 불가분의 관계에 있는 두 필지 이상의 일단의 토지를 의미하나, <u>두 필지 이상을 합병한 토지를 말하는 것은 아니다</u>.

정답 ④

필살키 **004** 토지의 분류 및 용어(2)

토지의 이용목적 및 활동에 따른 토지 관련 용어에 관한 설명으로 **틀린** 것은?

> ㉠ 빈지(濱地)는 소유권이 인정되지 않는 바다와 육지 사이의 해변 토지를 말한다.
>
> ㉡ 후보지(候補地)는 용도적 지역의 분류 중 세분된 지역 내에서 용도에 따라 전환되는 토지를 말한다.
>
> ㉢ 공지(空地)는 관련 법령이 정하는 바에 따라 안전이나 양호한 생활환경을 확보하기 위해 건축하면서 남겨놓은 일정 면적의 토지를 말한다.
>
> ㉣ 갱지(更地)는 택지 등 다른 용도로 조성되기 이전 상태의 토지를 말한다.
>
> ㉤ 일단지(一團地)는 용도상 불가분의 관계에 있는 두 필지 이상의 토지를 말한다.

① ㉠
② ㉣
③ ㉠, ㉢
④ ㉡, ㉣
⑤ ㉠, ㉢, ㉤

해설

㉡ 용도적 지역의 분류 중 세분된 지역 내에서 용도에 따라 전환되는 토지는 이행지(移行地)이다.

㉣ 택지 등 다른 용도로 조성되기 이전 상태의 토지는 소지(素地)이다.

정답 ④

필살키 **005** 용도별 건축물의 종류

1개 동의 건축물 현황이 다음과 같을 경우, 건축법령상 용도별 건축물의 종류는?

> • 1층 전부를 필로티 구조로 하여 주차장으로 사용하며, 2층부터 5층까지 주택으로 사용함
> • 주택으로 쓰는 바닥면적의 합계가 1,000m²임
> • 세대수 합계가 16세대로서 모든 세대에 취사 시설이 설치됨

① 아파트
② 연립주택
③ 다세대주택
④ 기숙사
⑤ 다가구주택

해설

보기의 내용에 해당하는 건축법령상의 용도별 건축물의 종류는 연립주택이다. 연립주택은 주택으로 쓰는 1개 동의 바닥면적(2개 이상의 동을 지하주차장으로 연결하는 경우에는 각각의 동으로 봄) 합계가 660m²를 초과하고, 층수가 4개 층 이하인 주택이다.

정답 ②

필살키 006　토지의 특성(1)

토지의 특성과 내용에 관한 설명으로 <u>틀린</u> 것은?

① 토지는 시간의 경과에 의해 마멸되거나 소멸되지 않으므로 투자재로서 선호도가 높다.

② 물리적으로 완전히 동일한 토지는 없으므로 부동산시장은 불완전경쟁시장이 된다.

③ 토지는 공간적으로 연결되어 있으므로 외부효과를 발생시키고, 개발이익환수의 근거가 된다.

④ 토지는 용익물권의 목적물로 활용할 수 있으므로 하나의 토지에 다양한 물권자가 존재할 수 있다.

⑤ 토지의 소유권은 정당한 이익 있는 범위 내에서 토지의 상하에 미치며, 한계고도와 한계심도의 범위는 법률로 정하고 있다.

해설

한계심도의 범위는 법률(지방자치단체의 조례)로 정하고 있으나, <u>한계고도는 법률로 정하고 있지 않다.</u>

정답 ⑤

필살키 007　토지의 특성(2)

토지의 특성에 관한 설명으로 옳은 것은?

① 용도의 다양성은 최유효이용의 판단근거가 된다.

② 부증성은 부동산활동에 대해서 장기적 배려를 필연적으로 고려하게 한다.

③ 합병·분할의 가능성은 토지의 이행과 전환을 가능하게 한다.

④ 부동성으로 인해 토지는 생산비를 투입하여 생산할 수 없게 하고 독점소유욕을 갖게 하며, 토지이용을 집약화시킨다.

⑤ 개별성으로 인해 일물일가의 법칙이 적용되게 하고, 부동산시장에서 부동산상품 간에 대체를 가능하게 한다.

해설

② 영속성이다.

③ <u>용도의 다양성</u>이다.

④ <u>부증성</u>이다.

⑤ 개별성으로 인해 <u>일물일가의 법칙이 적용되지 않고</u>, 부동산시장에서 부동산상품 간에 <u>완벽한 대체는 불가능</u>하다.

정답 ①

필살키 p.14   합격서 p.30

필살키 008 유량(flow)과 저량(stock)

다음 중 저량(stock) 개념에 해당하는 것은 모두 몇 개인가?

> ㉠ 주택재고량
> ㉡ 재산
> ㉢ 주택가격
> ㉣ 주택보급률
> ㉤ 신규주택 공급량
> ㉥ 가계소비
> ㉦ 순영업소득

① 1개　　　　② 2개
③ 3개　　　　④ 4개
⑤ 5개

해설

㉤ 신규주택 공급량, ㉥ 가계소비, ㉦ 순영업소득은 유량(flow) 개념에 해당한다.

정답 ④

필살키 p.14   합격서 pp.33~34

필살키 009 수요변화의 요인

아파트시장에서 아파트의 수요곡선을 우측(우상향)으로 이동시킬 수 있는 요인은 모두 몇 개인가? (단, 다른 조건은 동일함)

> • 아파트 가격의 하락
> • 대체 주택 가격의 상승
> • 총부채원리금상환비율(DSR) 규제 완화
> • 가구 수 증가
> • 모기지 대출(mortgage loan) 금리의 상승
> • 수요자의 실질 소득 감소
> • 부채감당률(DCR) 규제 강화

① 2개　　　　② 3개
③ 4개　　　　④ 5개
⑤ 6개

해설

아파트시장에서 대체 주택 가격의 상승, 총부채원리금상환비율(DSR) 규제 완화, 가구 수 증가는 아파트의 수요곡선을 우측(우상향)으로 이동시킬 수 있는 요인에 해당한다. 반면에 모기지 대출(mortgage loan) 금리의 상승, 수요자의 실질 소득 감소, 부채감당률(DCR) 규제 강화 등은 수요곡선을 좌측(좌하향)으로 이동시킬 수 있는 요인에 해당한다. 그러나 아파트 가격의 하락은 수요곡선상에서의 이동에 해당한다.

정답 ②

필살키 010　수요와 공급 변화의 요인

주택가격의 상승요인에 해당하는 것은? (단, 주택은 정상재이며, 다른 요인은 일정하다고 가정함)

① 주택건축자재 가격의 하락
② 수요자의 소득 감소
③ 수요 측면의 대체주택 가격의 상승
④ 주택거래규제의 강화
⑤ 공급자의 가격하락 예상

해설

①⑤ 공급증가요인에 해당하여 해당 <u>주택의 가격을 하락</u>시킨다.
②④ <u>수요감소요인</u>에 해당하여 해당 <u>주택의 가격을 하락</u>시킨다.
③ 수요 측면의 대체주택 가격의 상승은 <u>수요를 증가시켜</u> 해당 <u>주택의 가격을 상승시킨다.

정답 ③

필살키 011　부동산의 공급

부동산 공급에 관한 설명으로 <u>틀린</u> 것은?

① 부동산의 신규공급은 일정한 기간 동안 측정되는 유량개념이 아니라 일정한 시점에서 측정되는 저량개념이다.
② 부동산가격이 상승하면 공급량은 증가하고, 가격이 하락하면 공급량은 감소한다.
③ 노동자임금이나 시멘트가격과 같은 생산요소가격의 하락은 부동산 공급을 증가시키는 요인이 된다.
④ 단기공급곡선은 가용생산요소의 제약으로 장기공급곡선에 비해 더 비탄력적이다.
⑤ 부동산의 초과수요는 임대료를 상승시키는 요인으로 작용하며, 초과공급은 임대료를 하락시키는 요인으로 작용한다.

해설

부동산의 신규공급은 일정한 시점에서 측정되는 저량개념이 아니라 일정한 기간 동안 측정되는 유량개념이다.

정답 ①

필살키 012　부동산의 수요와 공급

부동산의 수요와 공급에 관한 설명으로 **틀린** 것은? (단, 우하향하는 수요곡선과 우상향하는 공급곡선을 가정하며, 다른 조건은 동일함)

① 단기적으로 가격이 상승해도 부동산의 공급량이 크게 증가할 수 없기 때문에 공급이 비탄력적이다.
② 부동산의 공급량은 주어진 가격 수준에서 일정기간에 판매하고자 하는 최대수량이다.
③ 용도전환 및 개발이 가능한 장기에는 공급의 탄력성이 커진다.
④ 부동산의 수요량은 구매능력을 갖춘 수요자들이 구매하려는 수량이므로 유효수요를 의미한다.
⑤ 공급의 가격탄력성이 작을수록 수요변화 시 균형가격의 변동폭은 작지만 균형거래량의 변동폭은 크다.

해설
공급의 가격탄력성이 작을수록 수요변화 시 <u>균형가격의 변동폭은 크지만 균형거래량의 변동폭은 작다.</u>

정답 ⑤

필살키 013　부동산의 균형가격과 균형거래량

아파트시장의 균형가격과 균형거래량에 관한 설명으로 **틀린** 것은? (단, 완전탄력적 조건과 완전비탄력적 조건이 없는 경우는 수요와 공급의 법칙에 따르며, 다른 조건은 동일함)

① 수요의 증가폭이 공급의 증가폭보다 클 경우, 균형가격은 하락하고 균형거래량은 증가한다.
② 균형상태인 아파트시장에서 건축원자재의 가격이 상승하면 균형가격은 상승하고 균형거래량은 감소한다.
③ 공급이 가격에 대해 완전탄력적인 경우, 수요가 증가하면 균형가격은 변하지 않고 균형거래량만 증가한다.
④ 공급이 가격에 대해 완전비탄력적인 경우, 수요가 증가하면 균형가격은 상승하고 균형거래량은 변하지 않는다.
⑤ 공급의 감소폭이 수요의 감소폭보다 클 경우, 균형가격은 상승하고 균형거래량은 감소한다.

해설
수요의 증가폭이 공급의 증가폭보다 클 경우, <u>균형가격은 상승</u>하고 균형거래량은 증가한다.

정답 ①

필살키 014 수요와 공급의 가격탄력성

부동산시장의 수요와 공급의 가격탄력성에 관한 설명으로 틀린 것은? (단, 다른 조건은 동일함)

① 측정하는 기간이 길수록 수요의 탄력성은 더 탄력적이다.
② 대체재가 많을수록 수요의 탄력성은 더 탄력적이다.
③ 제품의 가격이 가계소득에서 차지하는 비중이 작을수록 수요의 탄력성이 더 탄력적이다.
④ 수요의 탄력성이 탄력적일 경우 임대료가 상승하면 전체 임대수입은 감소한다.
⑤ 공급의 탄력성은 생산요소를 쉽게 얻을 수 있는 상품일수록 더 탄력적이다.

필살키 015 탄력성과 재화 간의 관계

아파트 가격이 5% 하락함에 따라 아파트의 수요량 4% 증가, 아파트의 공급량 6% 감소, 연립주택의 수요량이 2% 증가하는 경우, 아파트 공급의 가격탄력성(㉠), 아파트와 연립주택의 관계(㉡)는? (단, 수요의 가격탄력성은 절댓값이며, 주어진 조건에 한함)

① ㉠ : 비탄력적,   ㉡ : 보완재
② ㉠ : 탄력적,   ㉡ : 보완재
③ ㉠ : 비탄력적,   ㉡ : 대체재
④ ㉠ : 탄력적,   ㉡ : 대체재
⑤ ㉠ : 단위탄력적, ㉡ : 대체재

해설

㉠ 아파트 공급의 가격탄력성 = $\dfrac{-6\%}{-5\%}$ = 1.2

   아파트 공급의 가격탄력성은 <u>탄력적</u>이다.

㉡ 연립주택 수요의 교차탄력성 = $\dfrac{2\%}{-5\%}$ = −0.4

   연립주택 수요의 교차탄력성은 −0.4로 음(−)의 값을 가지며, 아파트와 연립주택은 <u>보완재</u> 관계이다.

정답 ②

해설

제품의 가격이 가계소득에서 차지하는 비중이 <u>클수록</u> 수요의 탄력성이 더 탄력적이다.

정답 ③

필살키 016   탄력성과 균형의 이동

부동산의 가격탄력성과 균형변화에 관한 설명으로 옳은 것은? (단, 완전탄력적 조건과 완전비탄력적 조건이 없는 경우 수요와 공급법칙에 따르며, 다른 조건은 동일함)

① 공급이 가격에 대해 탄력적일수록 수요가 증가하면 균형가격은 크게 상승하고 균형거래량은 작게 감소한다.

② 수요가 가격에 대해 비탄력적일수록 공급이 증가하면 균형가격은 변하지 않고 균형거래량만 증가한다.

③ 공급이 가격에 대해 비탄력적일수록 수요가 감소하면 균형가격은 작게 하락하고 균형거래량은 크게 감소한다.

④ 공급이 가격에 대해 완전비탄력적일수록 수요가 증가하면 균형가격만 상승하고 균형거래량은 변하지 않는다.

⑤ 수요가 가격에 대해 완전탄력적일수록 공급이 증가하면 균형가격만 하락하고 균형거래량은 변하지 않는다.

해설
① 균형가격은 <u>작게 상승</u>하고 균형거래량은 <u>크게 증가</u>한다.
② 균형가격은 <u>크게 하락</u>하고 균형거래량은 <u>작게 증가</u>한다.
③ 균형가격은 <u>크게 하락</u>하고 균형거래량은 <u>작게 감소</u>한다.
⑤ 균형가격은 <u>변하지 않고</u> 균형거래량만 <u>증가</u>한다.

정답 ④

필살키 017   부동산의 경기변동

부동산경기순환과 경기변동에 관한 설명으로 <u>틀린</u> 것은?

① 부동산경기는 지역별로 다르게 변동할 수 있으며 같은 지역에서도 부분시장(sub-market)에 따라 다른 변동양상을 보일 수 있다.

② 부동산경기는 부동산의 특성에 의해 일반경기보다 주기가 더 길 수 있다.

③ 부동산경기는 일반경기에 비해 주기의 순환국면이 명백하지 않고 일정치 않으며, 진폭은 더 크고, 불규칙적으로 순환한다.

④ 하향국면은 매수자가 중시되고, 과거의 거래사례가격은 새로운 거래가격의 상한이 되는 경향이 있다.

⑤ 상향시장에서 직전 국면의 거래사례가격은 현재 시점에서 새로운 거래가격의 상한이 되는 경향이 있다.

해설
상향시장에서 직전 국면의 거래사례가격은 현재 시점에서 새로운 거래가격의 <u>하한</u>이 되는 경향이 있다.

정답 ⑤

필살키 p.18   합격서 pp.56~57

필살키 018   부동산시장의 특성

부동산시장의 특성에 관한 설명으로 **틀린** 것은?

① 부동산시장은 국지성의 특징이 있기 때문에 지역적 특성의 제약하에 가격이 형성되며, 지역마다 서로 다른 가격이 형성된다.

② 부동산은 국지성·거래의 비공개성 및 비표준화성 등으로 인하여 시장의 조직화가 곤란하다.

③ 부동산의 개별성으로 인한 부동산상품의 비표준화로 복잡·다양하게 된다.

④ 부동산시장은 수요와 공급의 조절이 쉽지 않아 단기적으로 가격의 왜곡이 발생할 가능성이 많다.

⑤ 거래정보의 대칭성으로 인하여 정보수집이 쉽고 은밀성이 축소된다.

해설

거래정보의 <u>비대칭성</u>으로 인하여 부동산시장 내의 <u>정보수집이 어렵고</u> 은밀성은 <u>확대</u>된다.

정답 ⑤

필살키 pp.18~19   합격서 pp.59~60

필살키 019   주택의 여과과정

주택의 여과과정(filtering process)에 관한 설명으로 **틀린** 것은?

① 개인이 주어진 소득이라는 제약조건하에 최대의 만족을 얻을 수 있는 주택서비스를 소비한다.

② 고소득층 주거지역에서 주택의 개량비용이 개량 후 주택가치의 상승분보다 크다면 하향여과과정이 발생하기 쉽다.

③ 주택의 여과과정은 시간이 경과하면서 주택의 질과 주택에 거주하는 가구의 소득이 변화함에 따라 발생하는 현상이다.

④ 고소득층 주거지역으로 저소득층이 들어오게 되어 하향여과과정이 계속되면, 고소득층 주거지역은 점차 저소득층 주거지역으로 바뀔 것이다.

⑤ 저급주택이 수선되거나 재개발되어 상위계층에서 사용되는 것을 하향여과라 한다.

해설

저급주택이 수선되거나 재개발되어 상위계층에서 사용되는 것을 <u>상향여과</u>라 한다.

정답 ⑤

필살키 020 여과과정과 주거분리

주거분리에 관한 설명으로 **틀린** 것은? (단, 다른 조건은 동일함)

① 주거분리는 소득과 무관하게 주거지역이 지리적으로 나뉘는 현상이다.

② 고소득층 주거지와 저소득층 주거지가 서로 분리되는 현상을 의미한다.

③ 도시 전체에서뿐만 아니라 지리적으로 인접한 근린지역에서도 발생할 수 있다.

④ 고소득층 주거지와 저소득층 주거지가 인접한 경우, 경계지역 부근의 저소득층 주택은 할증되어 거래되고 고소득층 주택은 할인되어 거래된다.

⑤ 여과과정에서 주거분리를 주도하는 것은 고소득가구로 정(+)의 외부효과를 추구하고 부(−)의 외부효과를 회피하려는 동기에서 비롯된다.

해설

주거분리란 도시 내에서 소득계층이 분화되어 거주하는 현상으로, 고소득층 주거지와 저소득층 주거지가 서로 분리되는 현상을 의미한다.

정답 ①

필살키 021 효율적 시장(1)

효율적 시장에 관한 설명으로 **틀린** 것은?

① 효율적 시장은 어떠한 정보를 얼마나 빠르게 가치에 반영하는가에 따라 약성 효율적 시장, 준강성 효율적 시장, 강성 효율적 시장으로 구분한다.

② 약성 효율적 시장이란 현재의 시장가치는 과거의 추세를 충분히 반영한 가치이므로, 과거의 역사적 자료를 분석한다 하더라도 정상이윤을 초과하는 이윤을 획득할 수 없는 시장이다.

③ 약성 효율적 시장의 시장참여자들은 모두 기술적 분석을 하고 있다고 전제하고 있으므로, 기술적 분석에 의해서 밝혀진 기술적 지표로서는 결코 어떠한 이윤도 획득할 수 없다.

④ 준강성 효율적 시장이란 어떤 새로운 정보가 공표되는 즉시 시장가치에 반영되는 시장이다.

⑤ 강성 효율적 시장에서 정상이윤의 획득은 가능하다.

해설

약성 효율적 시장의 시장참여자들은 모두 기술적 분석을 하고 있다고 전제하고 있으므로, 기술적 분석에 의해서 밝혀진 기술적 지표로서는 결코 초과이윤을 획득할 수 없다. 그러나 정상이윤은 가능하다.

정답 ③

필살키 022　효율적 시장(2)

부동산시장에 관한 설명으로 옳은 것은?

① 할당 효율적 시장은 완전경쟁시장을 의미하며, 불완전경쟁시장은 할당 효율적 시장이 될 수 없다.
② 완전경쟁시장이나 강성 효율적 시장에서는 할당 효율적인 시장만 존재한다.
③ 약성 효율적 시장에서 과거의 역사적 정보를 통해 정상이윤을 초과하는 이윤을 획득할 수 있다.
④ 완전경쟁시장에서는 초과이윤이 발생할 수 있다.
⑤ 준강성 효율적 시장에서 공표된 정보는 물론 공표되지 않은 정보도 시장가치에 반영된다.

해설
① 할당 효율적 시장이 완전경쟁시장을 의미하지 않으며, 불완전경쟁시장도 할당 효율적 시장이 될 수 있다.
③ 약성 효율적 시장에서 과거의 역사적 정보를 통해 정상이윤을 초과하는 이윤을 획득할 수 없다.
④ 완전경쟁시장에서는 초과이윤이 발생할 수 없다.
⑤ 준강성 효율적 시장에서 공표된 정보는 시장가치에 반영되나, 공표되지 않은 정보는 시장가치에 반영되지 않는다.

정답 ②

필살키 023　지대 및 지대이론

지대 및 지대이론에 관한 설명으로 옳은 것은?

① 고전학파는 생산요소를 노동·토지·자본으로 구분하고, 지대를 생산물가격에 영향을 주는 요소비용으로 파악했다.
② 마샬(A. Marshall)에 의하면 준지대는 생산을 위하여 사람이 만든 기계나 기구들로부터 얻는 소득이며, 다른 조건이 동일하다면 고정생산요소에 대한 수요에 의해 결정된다.
③ 튀넨(V. Thünen)의 위치지대설에 의하면 비옥도의 차이, 비옥한 토지량의 제한, 수확체감법칙의 작동을 지대발생의 원인으로 보았다.
④ 리카도(D. Ricardo)의 차액지대설에 의하면 곡물가격이 지대를 결정하는 것이 아니라, 지대가 곡물가격을 결정한다.
⑤ 마르크스(K. Marx)의 절대지대설에 의하면 토지의 비옥도나 생산력의 차이가 지대를 결정한다.

해설
① 고전학파는 생산요소를 노동·토지·자본으로 구분하고, 지대를 다른 생산요소에 대한 대가를 지불하고 남은 잔여인 잉여로 파악했다.
③ 리카도(D. Ricardo)의 차액지대설에 관한 설명이다.
④ 리카도(D. Ricardo)의 차액지대설에 의하면 지대가 곡물가격을 결정하는 것이 아니라, 곡물가격이 지대를 결정한다.
⑤ 마르크스(K. Marx)의 절대지대설에 의하면 토지의 비옥도나 생산력에 관계없이 지대가 발생한다.

정답 ②

필살키 024 도시공간구조이론

도시공간구조이론에 관한 설명으로 옳은 것을 모두 고른 것은?

㉠ 호이트(H. Hoyt)의 선형이론에 따르면 주택지불능력이 낮을수록 고용기회가 많은 도심지역과 접근성이 양호한 지역에 주거입지를 선정하는 경향이 있다.

㉡ 버제스(E. W. Burgess)의 동심원이론은 도시의 공간구조를 도시생태학적 관점에서 접근하였으며, 도시의 공간구조형성을 침입, 경쟁, 천이 등의 과정으로 설명하였다.

㉢ 시몬스(J. W. Simmons)의 다차원이론에서는 상호 편익을 가져다주는 활동(들)의 집적지향성(집적이익)을 다핵입지 발생요인 중 하나로 본다.

㉣ 다핵심이론에 의하면 도시는 하나의 중심이 아니라 여러 개의 전문화된 중심으로 이루어진다.

㉤ 해리스(C. Harris)와 울만(E. Ullman)의 다핵심이론은 동심원이론, 선형이론, 다차원이론 등을 종합하여 3개의 차원에서 파악해야 한다고 보았다.

---

① ㉠, ㉡
② ㉠, ㉢
③ ㉡, ㉣
④ ㉢, ㉣
⑤ ㉡, ㉢, ㉣

해설

㉠ 버제스(E. W. Burgess)의 동심원이론에 관한 설명이다.

㉢ 해리스(C. Harris)와 울만(E. Ullman)의 다핵심이론에서는 상호 편익을 가져다주는 활동(들)의 집적지향성(집적이익)을 다핵입지 발생요인 중 하나로 본다.

㉤ 시몬스(J. W. Simmons)의 다차원이론은 동심원이론, 선형이론, 다핵심이론 등을 종합하여 3개의 차원에서 파악해야 한다고 보았다.

정답 ③

필살키 025　부동산의 입지이론

부동산의 입지이론에 관한 설명으로 <u>틀린</u> 것은?

① 허프(D. L. Huff)의 확률모형에 따르면, 소비자가 특정 점포를 이용할 확률은 점포의 면적, 점포와의 거리에 의해 결정되나, 경쟁점포의 수와는 직접적인 관련이 없다.

② 레일리(W. J. Reilly)의 소매인력법칙에 따르면, 2개 도시의 상거래 흡인력은 두 도시의 인구에 비례하고, 두 도시의 분기점으로부터 거리의 제곱에 반비례한다.

③ 크리스탈러(W. Christaller)의 중심지이론에서 중심지가 유지되기 위해서는 최소요구치보다 재화의 도달범위가 커야 한다.

④ 베버(A. Weber)의 최소비용이론은 다른 생산조건이 동일하다면, 수송비는 원료와 제품의 무게, 원료와 제품이 수송되는 거리에 의해 결정된다.

⑤ 뢰쉬(A. Lösch)의 최대수요이론에서는 이윤극대화를 꾀하기 위해 공장의 입지는 시장확대가능성이 가장 풍부한 곳에 이루어져야 한다고 본다.

해설

허프(D. L. Huff)의 확률모형에 따르면, 소비자가 특정 점포를 이용할 확률은 점포의 면적, 점포와의 거리, <u>경쟁점포의 수에 의해 결정</u>된다.

정답 ①

필살키 026　공장부지의 입지요인

공장부지의 입지요인에 관한 설명으로 <u>틀린</u> 것은?

① 국지원료를 많이 사용하는 공장은 원료지향형 입지를 하는 경향이 있다.

② 원료지수가 1보다 크면 원료지향형 입지이다.

③ 중량증가산업(청량음료, 맥주), 완제품의 부패성이 심한 산업은 시장지향형 입지를 하고 있다.

④ 소비시장과 원료산지 사이에 이적지점[(移積地點) 혹은 적환지점]이 있는 경우는 중간지향형 입지이다.

⑤ 소비시장에 재고량을 확보할 수 있으며 수요에 민감한 제품을 생산하는 산업은 원료지향형 입지를 하고 있다.

해설

소비시장에 재고량을 확보할 수 있으며 수요에 민감한 제품을 생산하는 산업은 <u>시장지향형</u> 입지를 하고 있다.

정답 ⑤

필살키 p.24   합격서 pp.80~81

필살키 027   정부의 부동산시장 개입

정부의 부동산시장 개입에 관한 설명으로 틀린 것은?

① 정부는 시장실패를 보완하고 자원배분의 효율성을 높이기 위해 개입할 수 있다.

② 공공재의 경우 과다생산의 문제가 발생될 수 있기 때문에 시장실패가 초래되어 정부가 시장에 개입할 수 있다.

③ 부동산시장에서 규모의 경제가 존재하면 자원배분의 비효율성으로 인해 시장실패가 초래될 수 있다.

④ 불완전경쟁으로 인한 시장실패 문제를 보완하기 위해 정부가 시장에 개입할 수 있다.

⑤ 외부효과로 인한 시장실패 문제를 보완하기 위해 정부가 시장에 개입할 수 있다.

해설

공공재의 경우 과소생산의 문제가 발생될 수 있기 때문에 시장실패가 초래되어 정부가 시장에 개입할 수 있다.

정답 ②

필살키 pp.24~25   합격서 p.82

필살키 028   외부효과

외부효과에 관한 설명으로 옳은 것은?

① 외부효과란 거래당사자가 시장메커니즘을 통하여 상대방에게 미치는 유리하거나 불리한 효과를 말한다.

② 부(−)의 외부효과는 의도되지 않은 손해를 주면서 그 대가를 지불하지 않는 외부경제라고 할 수 있다.

③ 정(+)의 외부효과는 소비에 있어 사회 편익이 사적 편익보다 큰 결과를 초래한다.

④ 부(−)의 외부효과에는 보조금 지급이나 조세경감의 정책이 필요하다.

⑤ 부(−)의 외부효과는 사회적 최적생산량보다 시장생산량이 적은 과소생산을 초래한다.

해설

① 외부효과란 시장메커니즘을 통하지 않고 거래당사자가 아닌 제3자에게 미치는 유리하거나 불리한 효과를 말한다.

② 부(−)의 외부효과는 의도되지 않은 손해를 주면서 그 대가를 지불하지 않는 외부불경제라고 할 수 있다.

④ 정(+)의 외부효과에는 보조금 지급이나 조세경감의 정책이 필요하다.

⑤ 부(−)의 외부효과는 사회적 최적생산량보다 시장생산량이 많은 과다생산을 초래한다.

정답 ③

필살키 029 정부의 부동산시장 개입 유형

정부의 부동산시장 직접개입 유형에 해당하는 것을 모두 고른 것은?

> ㉠ 공공투자사업
> ㉡ 종합부동산세
> ㉢ 공공토지비축(토지은행)
> ㉣ 취득세
> ㉤ 개발부담금
> ㉥ 토지수용
> ㉦ 공공임대주택
> ㉧ 대부비율(LTV)과 총부채상환비율(DTI)

① ㉠, ㉡, ㉣, ㉦
② ㉠, ㉢, ㉥, ㉦
③ ㉡, ㉣, ㉤, ㉥
④ ㉡, ㉤, ㉥, ㉧
⑤ ㉢, ㉤, ㉥, ㉧

해설

정부의 부동산시장 개입 유형 중 공공투자사업, 공공토지비축(토지은행제도), 토지수용, 공공임대주택 등은 직접개입에 해당하며, 종합부동산세, 취득세, 개발부담금, 대부비율(LTV)과 총부채상환비율(DTI) 등은 간접개입에 해당한다.

정답 ②

필살키 030 우리나라에서 시행하고 있는 제도

현재(2024. 8. 1.) 우리나라에서 시행하고 있는 제도를 모두 고른 것은?

> ㉠ 종합토지세
> ㉡ 토지거래허가제
> ㉢ 택지소유상한제
> ㉣ 분양가상한제
> ㉤ 공한지세
> ㉥ 실거래가신고제
> ㉦ 토지초과이득세제
> ㉧ 전월세상한제
> ㉨ 개발행위허가제

① ㉠, ㉡, ㉣, ㉤, ㉨
② ㉠, ㉢, ㉣, ㉥, ㉧
③ ㉡, ㉣, ㉥, ㉦, ㉨
④ ㉡, ㉣, ㉥, ㉧, ㉨
⑤ ㉡, ㉣, ㉤, ㉧, ㉨

해설

㉠ 종합토지세는 1990년부터 시행하였으나, 2005년 1월 「지방세법」이 개정되면서 폐지되었다.
㉢ 택지소유상한제는 1990년부터 실시되었으나 사유재산권 침해 이유로 1998년 9월 19일에 폐지되었다.
㉤ 공한지세는 1974년부터 실시되었으나 1986년에 폐지되었다.
㉦ 토지초과이득세제는 실현되지 않은 이익에 대해 과세한다는 논란 등으로 1998년 폐지되었다.

정답 ④

필살키 031　토지 관련 제도

우리나라 토지 관련 제도에 관한 설명으로 틀린 것은?

① 용도지역 중 자연환경보전지역은 도시지역 중에서 자연환경·수자원·해안·생태계·상수원 및 국가유산의 보전과 수산자원의 보호·육성을 위하여 필요한 지역이다.

② 지구단위계획은 도시·군계획 수립 대상지역의 일부에 대하여 토지이용을 합리화하고 그 기능을 증진시키며 미관을 개선하고 양호한 환경을 확보하며, 그 지역을 체계적·계획적으로 관리하기 위하여 수립하는 계획이다.

③ 토지선매란 토지거래허가구역 내에서 토지거래계약의 허가신청이 있을 때 공익목적을 위하여 사적 거래에 우선하여 국가·지방자치단체·한국토지주택공사 등이 그 토지를 매수할 수 있는 제도이다.

④ 시·도지사, 시장 또는 군수는 도시·군기본계획 수립을 위한 기초조사의 내용에 국토교통부장관이 정하는 바에 따라 실시하는 토지의 토양, 입지, 활용가능성 등 토지의 적성에 대한 평가(토지적성평가)와 재해취약성에 관한 분석(재해취약성 분석)을 포함하여야 한다.

⑤ 공공개발용 토지의 비축사업계획을 승인받은 경우 한국토지주택공사는 해당 공공개발용 토지의 취득을 위하여 필요한 때에는 「공익사업을 위한 토지 등의 취득 및 보상에 관한 법률」 제3조에서 정하는 토지·물건 또는 권리를 수용(사용을 포함)할 수 있다.

해설

국토는 토지의 이용실태 및 특성, 장래의 토지 이용 방향, 지역 간 균형발전 등을 고려하여 도시지역, 관리지역, 농림지역, 자연환경보전지역 등의 용도지역으로 구분한다. 용도지역 중 자연환경보전지역은 자연환경·수자원·해안·생태계·상수원 및 국가유산의 보전과 수산자원의 보호·육성 등을 위하여 필요한 지역으로, <u>도시지역에 해당하는 것이 아니다.</u>

정답 ①

필살키 032 임대료 규제정책

정부에서 시장의 균형임대료보다 낮게 임대료를 규제하는 임대료 규제정책을 실시한다면 나타날 것으로 예상되는 효과는?

① 기존 임차인들의 주거이동을 저하시키며, 사회적 비용은 감소한다.

② 임대료 규제는 수요와 공급이 탄력적일 때 더욱 효과적이라고 할 수 있으며, 단기에는 장기보다 초과수요가 작아 정책효과가 작으며, 장기에는 단기보다 초과수요가 커져 정책효과가 커진다.

③ 정부에서 규제임대료를 시장의 균형임대료보다 낮게 규제한다면 초과수요가 나타나며, 임대주택이 부족해져 임차인들이 임대주택을 구하기가 어려워진다.

④ 임대인 입장에서는 임대주택에 대한 투자현상이 나타날 것이며, 임대주택으로의 용도전환현상이 나타나게 된다.

⑤ 규제임대료가 시장임대료보다 낮을 경우, 임대료 규제는 임대부동산의 질적 저하를 가져오지 않는다.

해설

① 기존 임차인들의 주거이동을 저하시키며, 사회적 비용은 증가한다.

② 임대료 규제는 수요와 공급이 비탄력적일 때 더욱 효과적이라고 할 수 있으며, 단기에는 장기보다 비탄력적이므로 초과수요가 작아 정책효과는 크며, 장기에는 단기보다 탄력적이므로 초과수요가 커져 정책효과는 작아진다.

④ 임대인 입장에서는 임대주택에 대한 투자기피현상이 나타날 것이며, 기존의 임대주택이 다른 용도로 전환된다.

⑤ 규제임대료가 시장임대료보다 높을 경우, 임대료 규제는 임대부동산의 질적 저하를 가져오지 않는다.

정답 ③

필살키 033　분양가상한제

분양가상한제에 관한 설명으로 옳은 것을 모두 고른 것은? (단, 단기적으로 다른 조건은 일정하다고 가정함)

> ㉠ 분양가상한제의 목적은 주택가격을 안정시키고 무주택자의 신규주택 구입부담을 경감시키기 위해서이다.
> ㉡ 주택법령상 분양가상한제 적용주택의 분양가격은 택지비와 건축비로 구성된다.
> ㉢ 민간택지에 대해서도 분양가상한제를 실시하고 있다.
> ㉣ 도시형 생활주택은 분양가상한제를 적용하지 않는다.

① ㉠, ㉡
② ㉡, ㉢
③ ㉢, ㉣
④ ㉠, ㉡, ㉣
⑤ ㉠, ㉡, ㉢, ㉣

해설

㉠㉡㉢㉣ 모두 맞는 내용이다.

정답 ⑤

필살키 034　부동산조세(1)

부동산조세에 관한 설명으로 틀린 것은? (단, 우하향하는 수요곡선과 우상향하는 공급곡선을 가정함)

① 임대주택에 재산세가 부과되면, 부과된 세금은 장기적으로 임차인에게 전가될 수 있다.
② 임대주택시장에서 수요가 완전탄력적일 경우, 재산세의 상승분은 전부 임차인에게 귀속된다.
③ 임대주택시장에서 재산세 부과는 수요자와 공급자 모두에게 세금을 부담하게 하나, 상대적으로 가격탄력성이 낮은 쪽이 세금을 더 많이 부담하게 된다.
④ 임대주택시장에서 공급의 가격탄력성은 탄력적이고 수요의 가격탄력성은 비탄력적인 시장에서 재산세가 부과될 경우, 수요자가 공급자보다 더 많은 세금을 부담하게 된다.
⑤ 양도소득세가 중과되면, 주택공급의 동결효과(lock-in effect)로 인해 주택가격이 상승할 수 있다.

해설

임대주택시장에서 수요가 완전탄력적일 경우, 재산세의 상승분은 전부 임대인에게 귀속된다.

정답 ②

필살키 035 부동산조세(2)

필살키 p.28 합격서 pp.92~96

부동산조세에 관한 설명으로 옳은 것은? (단, 우하향하는 수요곡선과 우상향하는 공급곡선을 가정함)

① 임대주택에 재산세를 부과하면 임대주택의 공급이 증가하고 임대료는 하락할 것이다.
② 공급곡선이 수요곡선에 비해 더 탄력적이면 공급자에 비해 수요자의 부담이 더 작아진다.
③ 수요곡선이 공급곡선에 비해 더 탄력적이면 수요자에 비해 공급자의 부담이 더 작아진다.
④ 수요자가 실질적으로 지불하는 금액이 상승하므로 소비자 잉여는 감소한다.
⑤ 주택공급의 동결효과(lock-in effect)란 가격이 오른 주택의 소유자가 양도소득세를 납부하기 위해 주택의 처분을 적극적으로 추진함으로써 주택의 공급이 증가하는 효과를 말한다.

해설
① 임대주택의 공급이 감소하고 임대료는 상승할 것이다.
② 공급자에 비해 수요자의 부담이 더 커진다.
③ 수요자에 비해 공급자의 부담이 더 커진다.
⑤ 주택공급의 동결효과(lock-in effect)란 가격이 오른 부동산의 소유자가 양도소득세를 납부하지 않기 위해 주택의 처분을 기피함으로써 주택의 공급이 감소하는 효과를 말한다.

정답 ④

필살키 036 부동산조세의 경제적 효과

필살키 p.28 합격서 pp.92~96

부동산조세의 경제적 효과에 대한 설명으로 옳은 것은? (단, 다른 조건은 일정함)

① 공급이 비탄력적일수록 재산세 부과로 인한 자원배분의 왜곡은 적어진다.
② 공급의 가격탄력성은 탄력적인 반면 수요의 가격탄력성은 비탄력적인 시장에서 세금이 부과될 경우, 실질적으로 공급자가 수요자보다 더 많은 세금을 부담하게 된다.
③ 양도소득세가 중과되면, 주택공급의 동결효과(lock-in effect)로 인해 주택가격이 하락할 수 있다.
④ 임대주택의 공급곡선이 완전비탄력적일 경우 주택에 부과되는 재산세는 전부 임차인에게 귀착된다.
⑤ 수요곡선이 변하지 않을 때, 세금부과에 의한 경제적 순손실은 공급이 비탄력적일수록 커진다.

해설
② 실질적으로 수요자가 공급자보다 더 많은 세금을 부담하게 된다.
③ 주택공급의 동결효과(lock-in effect)로 인해 주택가격이 상승할 수 있다.
④ 전부 임대인에게 귀착된다.
⑤ 공급이 비탄력적일수록 작아진다.

정답 ①

PART 04 부동산정책론 **77**

필살키 p.29   합격서 pp.98~100

필살키 037   지렛대(leverage)효과

부동산투자의 레버리지효과(leverage effect)에 관한 설명으로 틀린 것은? (단, 주어진 조건에 한함)

① 타인자본의 이용으로 레버리지를 활용하면 지분수익률은 증가할 수 있으나 금융적 위험도 증가할 수 있다.
② 정(+)의 레버리지가 나타날 때 차입이자율에 변화가 없을 경우 부채비율이 감소하면 지분수익률도 감소한다.
③ 부채비율에 변화가 없을 경우 차입이자율이 증가하면 지분수익률은 감소한다.
④ 차입이자율과 부채비율이 모두 변한다면 총자본수익률도 변할 수 있다.
⑤ 지분수익률에서 총자본수익률을 차감하여 정(+)의 수익률이 나오는 경우에는 정(+)의 레버리지가 발생한다.

해설

총자본수익률은 총투자액에 대한 총자본수익의 비율로, 차입이자율과 부채비율의 변화 모두 총자본수익률에 영향을 미치지 않는다.

정답 ④

필살키 pp.29~30   합격서 pp.102~103

필살키 038   부동산투자의 수익률

부동산투자분석에서 수익률에 관한 설명으로 틀린 것은?

① 기대수익률이란 투자로부터 기대되는 장래의 예상수익률로서 내부수익률로 표현할 수도 있다.
② 요구수익률이란 투자자가 대상부동산에 투자하기 위하여 충족되어야 할 최소한의 수익률을 의미하는 것이며, 요구수익률에는 부동산투자에 따른 위험률이 포함되어 있다.
③ 기대수익률이 요구수익률보다 크다면 투자는 증가하고 대상부동산 가치는 상승하며, 기대수익률은 상승할 것이다.
④ 실현수익률이란 투자가 이루어지고 난 후에 현실적으로 달성된 수익률을 의미하며, 실제수익률 또는 사후수익률이라고도 한다.
⑤ 기대수익률과 요구수익률은 사전수익률이며, 실현수익률은 사후수익률이다.

해설

기대수익률이 요구수익률보다 크다면 투자는 증가하고 대상부동산의 가치는 상승하며, 기대수익률은 하락할 것이다.

정답 ③

필살키 039 부동산투자의 위험과 수익

부동산투자에서 위험과 수익에 관한 설명으로 **틀린** 것은?

① 다양한 자산들로 분산된 포트폴리오는 체계적 위험을 감소시킨다.

② 위험회피형 투자자는 위험 증가에 따른 보상으로 높은 기대수익률을 요구한다.

③ 동일한 자산들로 구성된 포트폴리오라도 자산들의 구성비중에 따라 포트폴리오의 수익과 위험이 달라진다.

④ 시장상황에 대한 자산가격의 민감도가 높을수록 수익률의 표준편차는 커진다.

⑤ 지분수익률은 지분투자자의 투자성과를 나타낸다.

해설

다양한 자산들로 분산된 포트폴리오는 <u>비체계적 위험을 감소</u>시킨다.

정답 ①

필살키 040 부동산투자

부동산투자에 관한 설명으로 옳은 것은?

① 부동산투자는 부동산이 갖고 있는 고유한 특성이 있지만 환금성, 안전성 측면에서 주식투자와 다르지 않다.

② 부동산은 실물자산이기 때문에 인플레이션 방어능력이 우수하여 디플레이션과 같은 경기침체기에 좋은 투자대상이다.

③ 부동산은 다른 투자상품에 비하여 거래비용의 부담이 크지만 부동산시장은 정보의 대칭성으로 인한 효율적 시장이다.

④ 부동산투자는 부동산의 사회적·경제적·행정적 위치의 가변성 등으로 인해 부동산시장의 변화를 면밀히 살펴야 한다.

⑤ 투자의 금융성이란 투자자가 투자자산을 필요한 시기에 손실 없이 현금으로 전환할 수 있는 안전성의 정도를 말한다.

해설

① 부동산투자는 부동산이 갖고 있는 고유한 특성으로 인해 <u>주식투자에 비해 환금성이 낮으며, 안전성 측면에서는 유리</u>하다.

② <u>인플레이션과 같은 경기상승기</u>에 좋은 투자대상이다.

③ 부동산은 다른 투자상품에 비하여 거래비용의 부담이 크고 부동산시장은 <u>정보의 비대칭성이 존재</u>하지만 효율적 시장이다.

⑤ 투자자가 투자자산을 필요한 시기에 손실 없이 현금으로 전환할 수 있는 안전성의 정도를 <u>투자의 유동성</u>이라고 한다.

정답 ④

필살키 041 포트폴리오의 위험과 효율적 프론티어

포트폴리오의 위험과 효율적 프론티어(efficient frontier)에 관한 설명으로 옳은 것은?

① 포트폴리오에 편입되는 투자안의 수를 늘리면 늘릴수록 체계적인 위험이 감소되는 것을 포트폴리오 효과라고 한다.

② 효율적 프론티어(efficient frontier)상의 투자안일지라도 효율적 프론티어상에 있지 않은 모든 투자안을 지배하는 것은 아니다.

③ 포트폴리오의 투자자산의 수익률이 같은 방향으로 움직이면 상관계수는 양(+)의 값을 가지며, 위험분산효과는 커진다.

④ 포트폴리오 구성을 통해 위험을 분산할 때 투자안 간의 완전 양(+)의 상관관계가 존재한다면 구성자산 수를 늘리면 비체계적 위험을 '0'으로 만들 수도 있다.

⑤ 효율적 프론티어상의 투자안들은 평균-분산지배원리에 의해서 서로 우열을 가릴 수 있다.

해설

① 포트폴리오에 편입되는 투자안의 수를 늘리면 늘릴수록 <u>비체계적인 위험</u>이 감소되는 것을 포트폴리오 효과라고 한다.

③ <u>위험분산효과는 작아진다.</u>

④ <u>완전 음(-)의 상관관계</u>가 존재한다면 구성자산 수를 늘려 비체계적 위험을 '0'으로 만들 수도 있다.

⑤ 효율적 프론티어상의 투자안들은 평균-분산지배원리에 의해서도 서로 <u>우열을 가릴 수 없다.</u>

정답 ②

필살키 042 화폐의 시간가치(1)

화폐의 시간가치에 관한 설명으로 틀린 것은?

① 인플레이션, 화폐의 시차선호, 미래의 불확실성은 화폐의 시간가치를 발생시키는 요인이다.

② 감채기금이란 일정기간 후에 일정금액을 만들기 위해 매 기간 납입해야 할 금액을 말한다.

③ 연금의 미래가치란 매 기간마다 일정금액을 불입해 나갈 때, 미래 일정시점에서의 불입금액 총액의 가치를 말한다.

④ 현재가치에 대한 미래가치를 산출하기 위하여 사용하는 이율을 이자율이라 하고, 미래가치에 대한 현재가치를 산출하기 위하여 사용하는 이율을 할인율이라 한다.

⑤ 부동산경기가 침체하는 시기에 상업용 부동산의 수익이 일정함에도 불구하고 부동산가격이 떨어지는 것은 할인율이 낮아지기 때문이다.

해설

부동산경기가 침체하는 시기에 상업용 부동산의 수익이 일정함에도 불구하고 부동산가격이 떨어지는 것은 <u>할인율이 높아지기 때문이다.</u>

정답 ⑤

필살키 043 화폐의 시간가치(2)

화폐의 시간가치 계산에 관한 설명으로 옳은 것은?

① 원금균등분할상환방식에서 매 기간의 상환액을 계산할 경우 저당상수를 사용한다.
② 5년 후에 5억원이 될 것으로 예상되는 토지의 현재가치를 계산할 경우 일시불의 현재가치계수를 사용한다.
③ 일시불의 미래가치계수는 이자율이 상승할수록 작아진다.
④ 연금의 미래가치계수에 일시불의 현재가치계수를 곱하면 일시불의 미래가치계수가 된다.
⑤ 저당상수에 연금의 현재가치계수를 곱하면 일시불의 현재가치가 된다.

해설
① 원리금균등분할상환방식에서 매 기간의 상환액을 계산할 경우 저당상수를 사용한다.
③ 일시불의 미래가치계수는 이자율이 상승할수록 커진다.
④ 연금의 미래가치계수에 일시불의 현재가치계수를 곱하면 연금의 현재가치계수가 된다.
⑤ 저당상수에 연금의 현재가치계수를 곱하면 '1'이 된다.

정답 ②

필살키 044 현금흐름의 측정

부동산투자의 현금흐름 측정에 관한 설명으로 틀린 것은?

① 가능총소득은 단위면적당 추정 임대료에 임대면적을 곱하여 구한 소득이다.
② 유효총소득은 가능총소득에서 공실손실상당액과 불량부채액(충당금)을 차감하고, 기타수입을 더하여 구한 소득이다.
③ 순영업소득은 유효총소득에서 영업경비를 차감한 소득을 말한다.
④ 세전현금흐름은 지분투자자에게 귀속되는 세전소득을 말하는 것으로, 순영업소득에 부채서비스액(원리금상환액)을 가산한 소득이다.
⑤ 세후현금흐름은 세전현금흐름에서 영업소득세를 차감한 소득이다.

해설
세전현금흐름은 지분투자자에게 귀속되는 세전소득을 말하는 것으로, 순영업소득에 부채서비스액(원리금상환액)을 차감한 소득이다.

정답 ④

필살키 045 순현가법과 내부수익률법

부동산투자분석 중 순현가법과 내부수익률법에 관한 설명으로 틀린 것은?

① 순현재가치(NPV)법이란 투자로부터 발생하는 현재와 미래의 모든 현금흐름을 적절한 할인율로 할인하여 현재가치로 환산하고 이를 통하여 투자의사결정에 이용하는 기법이다.

② 순현가법에서 순현가를 계산할 때 타인자본을 사용하는 경우 현금유출의 현가합은 지분투자액을 의미한다.

③ 순현가법에서 순현가나 내부수익률법에서 내부수익률을 계산하기 위해서는 사전에 요구수익률이 결정되어야 한다.

④ 순현가법은 투자자의 부(富)의 극대화라는 기업의 목표에 부합되는 합리적인 투자안의 평가방법이다.

⑤ 내부수익률이란 순현가를 '0'으로 만드는 할인율이며, 수익성지수를 '1'로 만드는 할인율을 의미한다.

해설

순현가법에서 순현가를 계산하기 위해서는 사전에 요구수익률이 결정되어야 하나, 내부수익률법에서 내부수익률을 구하기 위해서는 사전에 요구수익률이 결정되지 않아도 된다.

정답 ③

필살키 046 부동산투자 타당성 분석기법

부동산투자분석에 관한 내용으로 틀린 것은?

① 동일한 현금흐름을 가지는 투자안이라도 투자자의 요구수익률에 따라 순현재가치는 달라질 수 있다.

② 서로 다른 내부수익률을 가지는 두 자산에 동시에 투자하는 투자안의 내부수익률은 각 자산의 내부수익률을 더한 것과 같다.

③ 동일한 투자안에 대해 내부수익률이 복수로 존재할 수 있다.

④ 내부수익률법에서는 내부수익률과 요구수익률을 비교하여 투자의사결정을 한다.

⑤ 투자규모에 차이가 나는 상호배타적인 투자안을 검토할 때, 순현재가치법과 수익성지수법을 통한 의사결정이 달라질 수 있다.

해설

내부수익률법은 가치의 가산원칙이 성립하지 않으므로 서로 다른 내부수익률을 가지는 두 자산에 동시에 투자하는 투자안의 내부수익률과 각 자산의 내부수익률을 더한 것은 같지 않다.

정답 ②

필살키 047　비율분석법

부동산투자에 관한 설명으로 <u>틀린</u> 것은? (단, 주어진 조건에 한함)

① 영업경비비율은 영업경비를 유효총소득으로 나눈 비율이다.

② 총부채상환비율(DTI)이 높을수록 차입자의 부채상환가능성이 낮아진다.

③ 채무불이행률은 유효총소득으로 영업경비와 부채서비스액을 감당할 수 있는 정도를 나타낸다.

④ 종합자본환원율은 총투자액을 순영업소득으로 나눈 비율이다.

⑤ 지분배당률은 세전현금흐름을 지분투자액으로 나눈 비율이다.

해설

종합자본환원율은 <u>순영업소득을 총투자액으로</u> 나눈 비율이다.

정답 ④

필살키 p.35   합격서 pp.119~125

필살키 048   부동산금융

부동산금융에 관한 설명으로 옳은 것은? (단, 주어진 조건에 한함)

① 부동산보유자는 보유부동산의 증권화를 통해 유동성을 확보할 수 있다.
② 금융기관은 위험을 줄이기 위해 부채감당률이 1보다 작은 대출안의 작은 순서대로 대출을 실행한다.
③ 대출수수료와 조기상환수수료를 차입자가 부담하는 경우, 차입자의 실효이자율은 조기상환시점이 앞당겨질수록 하락한다.
④ 대출조건이 동일할 경우 대출채권의 듀레이션(평균회수기간)은 원리금균등분할상환방식이 원금균등분할상환방식보다 더 짧다.
⑤ 고정금리방식의 대출에서 총상환액은 원리금균등분할상환방식이 원금균등분할상환방식보다 더 적다.

해설
② 금융기관은 위험을 줄이기 위해 부채감당률이 <u>1보다 큰 대출안의 큰</u> 순서대로 대출을 실행한다.
③ 대출수수료와 조기상환수수료를 차입자가 부담하는 경우, 차입자의 실효이자율은 조기상환시점이 앞당겨질수록 <u>상승한다.</u>
④ 대출조건이 동일할 경우 대출채권의 듀레이션(평균회수기간)은 원리금균등분할상환방식이 원금균등분할상환방식보다 더 <u>길다.</u>
⑤ 고정금리방식의 대출에서 총상환액은 <u>원금균등분할상환방식이 원리금균등분할상환방식보다 더 적다.</u>

정답 ①

필살키 p.35   합격서 pp.121~122

필살키 049   고정금리대출과 변동금리대출

고정금리대출과 변동금리대출에 관한 설명으로 틀린 것은?

① 일반적으로 대출일 기준 시 이자율은 고정금리대출이 변동금리대출보다 높다.
② 시장이자율 상승 시 고정금리대출을 실행한 대출기관은 차입자의 조기상환으로 인한 위험이 커진다.
③ 고정금리 주택담보대출은 차입자가 대출기간 농안 지불해야 하는 이자율이 동일한 형태로 시장금리의 변동에 관계없이 대출 시 확정된 이자율이 만기까지 계속 적용된다.
④ 변동금리 주택담보대출은 이자율 변동으로 인한 위험을 차입자에게 전가하는 방식으로 금융기관의 이자율 변동위험을 줄일 수 있는 장점이 있다.
⑤ 코픽스(cost of funds index)는 은행자금조달비용을 반영한 기준금리로 이전의 CD금리가 은행의 자금조달비용을 제대로 반영하지 못한다는 지적에 따라 도입되었다.

해설
시장이자율 <u>하락</u> 시 고정금리대출을 실행한 대출기관은 차입자의 조기상환으로 인한 위험이 커진다.

정답 ②

필살키 050   저당의 상환방식(1)

주택금융의 상환방식에 관한 설명으로 틀린 것은?

① 만기일시상환방식은 대출만기 때까지는 원금 상환이 전혀 이루어지지 않기에 매월 내는 이 자가 만기 때까지 동일하다.

② 원금균등분할상환방식은 대출 초기에 대출원 리금의 지급액이 가장 크므로 차입자의 원리 금지급 부담도 대출 초기에 가장 크다.

③ 원리금균등분할상환방식은 매기의 대출원리 금이 동일하기에 대출 초기에는 대체로 원금 상환 부분이 작고 이자지급 부분이 크다.

④ 점증상환방식은 초기에 대출이자를 전부 내 고, 나머지 대출원금을 상환하는 방식으로 부 (−)의 상환(negative amortization)이 일 어날 수 있다.

⑤ 원금균등분할상환방식이나 원리금균등분할상 환방식에서 거치기간을 별도로 정할 수 있다.

해설

점증상환방식은 초기 상환액을 크게 낮추고 소득 증가에 따라 체증시키는 상환방식으로 부(−)의 상환(negative amortization)이 일어날 수 있다.

정답 ④

필살키 051   저당의 상환방식(2)

대출상환방식에 관한 설명으로 옳은 것은? (단, 대출금액과 기타 대출조건은 동일함)

① 다른 조건이 일정하다면, 대출금의 듀레이션 (duration)은 만기일시상환대출이 원금균등 상환방식이나 원리금균등상환방식보다 길다.

② 원리금균등상환방식의 경우, 초기에는 원리금 에서 이자가 차지하는 비중이 낮으나, 원금을 상환해 가면서 원리금에서 이자가 차지하는 비중이 늘어난다.

③ 체증(점증)분할상환방식은 장래 소득이 줄어 들 것으로 예상되는 차입자에게 적합한 대출 방식이다.

④ 대출기간 만기까지 대출기관의 총이자수입 크 기는 '원금균등상환방식 > 원리금균등상환방 식 > 점증(체증)상환방식' 순이다.

⑤ 대출실행시점에서 총부채상환비율(DTI)은 체 증(점증)상환방식이 원금균등상환방식보다 더 크다.

해설

② 원리금균등상환방식의 경우, 초기에는 원리금에서 이자 가 차지하는 비중이 높으나, 원금을 상환해 가면서 원리 금에서 이자가 차지하는 비중이 줄어든다.

③ 체증(점증)분할상환방식은 장래에 소득이나 매출액이 늘어날 것으로 예상되는 차입자에게 적합한 대출방식이다.

④ 대출기간 만기까지 대출기관의 총이자수입 크기는 '점증 (체증)상환방식 > 원리금균등상환방식 > 원금균등상 환방식' 순이다.

⑤ 원리금이 초기에 많고 후기에 적어지는 원금균등상환방 식이 원리금이 초기에 적고 후기에 많아지는 체증(점증) 상환방식보다 대출실행시점에서 총부채상환비율(DTI) 은 더 크다.

정답 ①

필살키 052   부동산금융의 동원방법

부동산사업을 전개하기 위한 부동산금융의 동원방법에 관한 설명으로 옳은 것은?

① 부동산 신디케이션(syndication)은 부동산의 취득이나 관리·매매·개발 등을 위해 투자자로부터 자금을 확보하여, 투자자가 간접투자하는 형태이다.

② 조인트벤처(joint venture)는 주로 부동산개발업자와 대출기관 사이에 형성되는데, 이때 대출기관은 개발사업에 저당투자자가 아닌 지분파트너(equity partner)로 참여하기 때문에 저당금융방식에 해당한다.

③ 프로젝트 파이낸싱(project financing)은 부동산개발사업을 위해 부동산을 담보로 자금을 확보하는 방안이다.

④ 부동산투자회사(REITs)는 투자자들의 자금을 확보하여 부동산에 투자하여 실적을 배당하는 형태로 일종의 부동산 뮤추얼펀드(mutual fund)이다.

⑤ 부동산투자회사(REITs)는 부동산개발사업 등에 투자자들이 직접투자하는 형태이다.

해설

① 부동산 신디케이션(syndication)은 투자자가 직접투자하는 방안이다.

② 조인트벤처(joint venture)는 주로 부동산개발업자와 대출기관 사이에 형성되는데, 이때 대출기관은 개발사업에 저당투자자가 아닌 지분파트너(equity partner)로 참여하기 때문에 지분금융방식에 해당한다.

③ 프로젝트 파이낸싱(project financing)은 사업성을 담보로 자금을 확보하는 방안이다.

⑤ 부동산투자회사(REITs)에서 투자자는 간접투자하는 형태이다.

정답 ④

필살키 053 프로젝트 금융

프로젝트 금융(PF)에 관한 설명으로 틀린 것은?

① 사업주의 재무상태표에 부채로 표시되어 사업주의 부채비율에 영향을 미친다.

② 프로젝트 자체의 수익성과 향후 현금흐름을 기초로 개발에 필요한 자금을 조달한다.

③ 대출기관은 시행사에게 원리금상환을 요구하고, 시행사가 원리금을 상환하지 못하면 책임준공의 의무가 있는 시공사에게 채무상환을 요구할 수 있다.

④ 금융기관은 부동산개발사업의 사업주와 자금공여 계약을 체결한다.

⑤ 프로젝트 금융의 구조는 비소구금융이 원칙이나, 제한적 소구금융의 경우도 있다.

해설

사업주의 재무상태표에 해당 <u>부채가 표시되지 않기</u> 때문에 사업주의 부채비율에도 <u>영향을 미치지 않는다.</u>

정답 ①

필살키 054 주택연금제도

한국주택금융공사의 주택연금제도에 관한 설명으로 틀린 것은?

① 주택연금은 역모기지(reverse mortgage)에 해당하며 시간이 지남에 따라 대출잔액이 늘어나는 구조이고, 일반적으로 비소구형 대출이다.

② 주택연금은 저당권방식과 신탁방식이 있는데, 저당권방식은 주택소유자가 주택에 저당권을 설정하고 연금방식으로 노후생활자금을 대출받는 방식이며, 신탁방식은 주택소유자와 공사가 체결하는 신탁계약에 따른 신탁등기(소유권이전)를 하고 연금방식으로 노후생활자금을 대출받는 방식이다.

③ 주택연금의 대상주택은 「주택법」 제2조 제1호에 따른 주택, 지방자치단체에 신고된 노인복지주택 및 주거목적 오피스텔 등이다.

④ 한국주택금융공사는 주택연금 담보주택의 가격하락에 대한 위험을 부담하지 않는다.

⑤ 종신지급방식에서 가입자가 사망할 때까지 지급된 주택연금 대출원리금이 담보주택 처분가격을 초과하더라도 초과 지급된 금액을 법정상속인이 상환하지 않는다.

해설

한국주택금융공사는 주택연금 담보주택의 가격하락에 대한 위험을 <u>부담할 수 있다.</u>

정답 ④

필살키 055　부동산증권(1)

부동산증권에 관한 설명으로 틀린 것은?

① 저당이체증권(MPTS ; Mortgage Pass-Through Securities)이란 지분형 주택저당증권으로 관련 위험이 투자자에게 이전된다.

② 주택저당담보부채권(MBB ; Mortgage Backed Bond)은 저당채권의 집합에 대한 채권적 성격의 주택저당증권으로 MBB의 투자자는 최초의 주택저당채권집합물에 대한 소유권을 갖지 않는다.

③ 주택저당담보부채권(MBB)의 투자자는 대출금의 조기상환에 따른 위험을 부담한다.

④ 다계층저당채권(CMO ; Collateralized Mortgage Obligation)의 발행자는 저당채권의 풀(pool)에 대한 소유권을 가지면서 동 풀(pool)에 대해 채권을 발행하는 것이다.

⑤ 다계층저당채권(CMO)의 발행자는 주택저당채권집합물의 소유권을 갖는다.

해설

주택저당담보부채권(MBB)의 경우 대출금의 조기상환에 따른 위험은 발행자가 부담한다.

정답 ③

필살키 056　부동산증권(2)

부동산증권에 관한 설명으로 옳은 것을 모두 고른 것은?

㉠ MPTS(Mortgage Pass-Through Securities)는 채권을 표시하는 증권으로 원리금수취권과 주택저당에 대한 채권을 모두 투자자에게 이전하는 증권이다.

㉡ MBB(Mortgage Backed Bond)는 모기지 풀(Pool)에서 발생하는 현금흐름으로 채권의 원리금이 지급되고, 모기지 풀의 현금흐름으로 채권의 원리금지급이 안 될 경우 발행자가 초과부담을 제공하는 채권이다.

㉢ CMO(Collateralized Mortgage Obligation)는 원금과 조기상환내금을 받아갈 순서를 정한 증권으로 증권별로 만기가 일치하도록 만든 자동이체형 증권이다.

㉣ MPTB(Mortgage Pay-Through Bond)는 채권으로 발행자의 재무상태표에 부채로 표시된다.

㉤ MBS(Mortgage Backed Securities)를 통해 금융기관은 자기자본비율(BIS)을 높일 수 있다.

① ㉠, ㉡, ㉢　　　　② ㉠, ㉡, ㉣
③ ㉠, ㉢, ㉤　　　　④ ㉡, ㉣, ㉤
⑤ ㉢, ㉣, ㉤

해설

㉠ MPTS(Mortgage Pass-Through Securities)는 지분을 표시하는 증권으로 원리금수취권과 주택저당에 대한 채권을 모두 투자자에게 이전하는 증권이다.

㉢ CMO(Collateralized Mortgage Obligation)는 원금과 조기상환대금을 받아갈 순서를 정한 증권으로 증권별로 이자율과 만기가 다르게 만든 증권이다.

정답 ④

필살키 057　부동산투자회사법(1)

「부동산투자회사법」에 근거한 부동산투자회사에 관한 설명으로 틀린 것은?

① 자기관리 부동산투자회사의 설립 자본금은 5억원 이상으로 하며, 위탁관리 부동산투자회사 및 기업구조조정 부동산투자회사의 설립 자본금은 3억원 이상으로 한다.

② 영업인가를 받거나 등록을 한 날부터 6개월이 지난 부동산투자회사의 자본금은 자기관리 부동산투자회사는 70억원 이상, 위탁관리 부동산투자회사 및 기업구조조정 부동산투자회사는 50억원 이상이 되어야 한다.

③ 공인중개사로서 해당 분야에 5년 이상 종사한 사람은 자기관리 부동산투자회사의 자산운용 전문인력이 될 수 있다.

④ 자기관리 부동산투자회사는 그 설립등기일부터 10일 이내에 대통령령으로 정하는 바에 따라 설립보고서를 작성하여 국토교통부장관에게 제출하여야 한다.

⑤ 위탁관리 부동산투자회사는 본점 외의 지점을 설치할 수 있으며, 직원을 고용하거나 상근 임원을 둘 수 있다.

해설

위탁관리 부동산투자회사는 본점 외의 지점을 <u>설치할 수 없으며</u>, 직원을 고용하거나 상근 임원을 <u>둘 수 없다</u>(부동산투자회사법 제11조의2).

정답 ⑤

필살키 058　부동산투자회사법(2)

「부동산투자회사법」상 부동산투자회사에 관한 내용으로 틀린 것은?

① 영업인가를 받거나 등록을 한 날부터 최저자본금준비기간이 지난 자기관리 부동산투자회사의 최저자본금은 70억원 이상이 되어야 한다.

② 최저자본금준비기간이 끝난 후에는 매 분기 말 현재 총자산의 100분의 80 이상을 부동산, 부동산 관련 증권 및 현금으로 구성하여야 한다. 이 경우 총자산의 100분의 70 이상은 부동산(건축 중인 건축물을 포함한다)이어야 한다.

③ 부동산투자회사는 부동산 등 자산의 운용에 관하여 회계처리를 할 때에는 금융감독원이 정하는 회계처리기준에 따라야 한다.

④ 부동산투자회사의 상근 임원은 다른 회사의 상근 임직원이 되거나 다른 사업을 하여서는 아니 된다.

⑤ 위탁관리 부동산투자회사란 자산의 투자·운용을 자산관리회사에 위탁하는 부동산투자회사를 말한다.

해설

부동산투자회사는 부동산 등 자산의 운용에 관하여 회계처리를 할 때에는 <u>금융위원회</u>가 정하는 회계처리기준에 따라야 한다(부동산투자회사법 제25조의2 제1항).

정답 ③

필살키 p.40   합격서 pp.136~138

필살키 059 토지이용

토지이용에 관한 설명으로 틀린 것은?

① 동일한 산업경영이라도 그 입지조건이 더 양호한 경우에는 특별한 이익을 얻을 수 있는데, 이를 입지잉여라고 한다.

② 도시스프롤(urban sprawl) 현상은 산발적인 도시의 확대이고 대도시 외곽부에서 발달하는 무계획적 시가지 현상으로, 대도시의 도심지보다는 외곽부에서 더 발생한다.

③ 한계지는 주로 농경지 등의 용도전환으로 개발되지만, 지가형성은 농경지 등의 지가수준과는 무관한 경우가 많다.

④ 도시지역의 토지가격이 정상지가 상승분을 초과하여 급격히 상승한 경우, 직·주분리 현상을 심화시켜 통근거리가 길어지는 현상이 나타난다.

⑤ 직·주분리의 결과 도심의 주거용 건물이 고층화되는 현상이 나타날 수 있다.

해설

직·주접근의 결과 도심의 주거용 건물이 고층화되는 현상이 나타날 수 있다.

정답 ⑤

필살키 p.40   합격서 p.139

필살키 060 부동산개발

부동산개발업의 관리 및 육성에 관한 법령상 부동산개발에 해당하지 않는 행위는?

① 토지를 건설공사의 수행으로 조성하는 행위
② 토지를 형질변경의 방법으로 조성하는 행위
③ 건축물을 「건축법」의 규정에 따라 건축·대수선·리모델링 또는 용도변경하는 행위
④ 시공을 담당하는 행위
⑤ 공작물을 설치하는 행위

해설

부동산개발이란 다음의 어느 하나에 해당하는 행위를 말한다. 다만, 시공을 담당하는 행위는 제외한다(부동산개발업의 관리 및 육성에 관한 법률 제2조 제1호).

1. 토지를 건설공사의 수행 또는 형질변경의 방법으로 조성하는 행위
2. 건축물을 건축·대수선·리모델링 또는 용도변경하거나 공작물을 설치하는 행위. 이 경우 '건축', '대수선', '리모델링'은 「건축법」 제2조 제1항 제8호부터 제10호까지의 규정에 따른 '건축', '대수선' 및 '리모델링'을 말하고, '용도변경'은 같은 법 제19조에 따른 '용도변경'을 말한다.

정답 ④

필살키 061 부동산개발사업의 위험(1)

부동산개발에 관한 설명으로 옳은 것을 모두 고른 것은?

> ㉠ 부동산개발사업의 위험은 법률적 위험(legal risk), 시장위험(market risk), 비용위험(cost risk) 등
> 으로 분류할 수 있다.
> ㉡ 공사기간 중 이자율의 변화, 시장침체에 따른 공실의 장기화 등은 법률적 위험으로 볼 수 있다.
> ㉢ 시장성분석 단계에서는 향후 개발될 부동산이 현재나 미래의 시장상황에서 매매되거나 임대될 수 있는
> 지에 대한 경쟁력을 분석한다.
> ㉣ 흡수율분석은 부동산시장의 추세를 파악하는 데 도움을 주는 것으로, 과거의 추세를 정확하게 파악하는
> 것이 주된 목적이다.
> ㉤ 시장분석에서는 수익과 지출을 예측하여 수익성을 검토하고 최종적인 투자결정을 한다.

① ㉠, ㉢   ② ㉡, ㉣
③ ㉠, ㉡, ㉢   ④ ㉠, ㉡, ㉤
⑤ ㉢, ㉣, ㉤

해설
㉡ 시장위험에 해당한다.
㉣ 단순히 과거의 추세를 파악하는 것만이 아니라 이를 기초로 개발사업의 미래의 흡수율을 파악하는 데 목적이 있다.
㉤ 경제성분석에 대한 설명이다.

정답 ①

필살키 062 부동산개발사업의 위험(2)

부동산개발사업의 위험에 관한 설명이다. (   )에 들어갈 내용이 옳게 연결된 것은?

- (㉠)은 추정된 토지비, 건축비, 설계비 등 개발비용의 범위 내에서 개발이 이루어져야 하는데, 인플레이션 및 예상치 못한 개발기간의 장기화 등으로 발생할 수 있다.
- (㉡)은 용도지역제와 같은 토지이용규제의 변화와 관계기관 인·허가 승인의 불확실성 등으로 야기될 수 있다.
- (㉢)은 개발기간 중 이자율의 변화, 시장침체에 따른 공실의 장기화 등이 원인일 수 있다.

① ㉠ : 시장위험, ㉡ : 계획위험, ㉢ : 비용위험
② ㉠ : 시장위험, ㉡ : 법률위험, ㉢ : 비용위험
③ ㉠ : 비용위험, ㉡ : 계획위험, ㉢ : 시장위험
④ ㉠ : 비용위험, ㉡ : 법률위험, ㉢ : 시장위험
⑤ ㉠ : 비용위험, ㉡ : 법률위험, ㉢ : 계획위험

해설

㉠ 비용위험은 추정된 토지비, 건축비, 설계비 등 개발비용의 범위 내에서 개발이 이루어져야 하는데, 인플레이션 및 예상치 못한 개발기간의 장기화 등으로 발생할 수 있다.
㉡ 법률위험은 용도지역제와 같은 토지이용규제의 변화와 관계기관 인·허가 승인의 불확실성 등으로 야기될 수 있다.
㉢ 시장위험은 개발기간 중 이자율의 변화, 시장침체에 따른 공실의 장기화 등이 원인일 수 있다.

정답 ④

필살키 063 부동산개발의 타당성분석

부동산개발의 타당성분석에 관한 설명으로 틀린 것은?

① 부동산개발 과정에서 시장분석의 목적은 개발과 관련된 의사결정을 하기 위하여 부동산의 특성상 용도별, 지역별로 각각의 수요와 공급에 미치는 요인들과 수요와 공급의 상호관계가 개발사업에 어떠한 영향을 미치는가를 조사·분석하는 것이다.

② 경제성분석은 구체적으로 개발사업의 수익성 여부를 평가한다.

③ 지역경제분석은 지역의 경제활동, 지역인구와 소득 등 대상지역 시장 전체에 대한 총량적 지표를 분석한다.

④ 시장분석은 현재와 미래의 대상부동산에 대한 수요·공급분석을 통해 흡수율분석과 시장에서 분양될 수 있는 가격, 적정개발 규모 등의 예측을 한다.

⑤ 부동산개발 과정의 시장분석은 속성상 일정 지역시장 단위로 분석하므로 지리적·공간적 범위에 국한되는 경향이 있다.

해설

시장성분석은 현재와 미래의 대상부동산에 대한 수요·공급분석을 통해 흡수율분석과 시장에서 분양될 수 있는 가격, 적정개발 규모 등의 예측을 한다.

정답 ④

필살키 064　부동산개발방식

부동산개발방식에 관한 용어의 설명으로 옳게 연결된 것은?

> ㉠ 토지소유자와의 약정에 의해 수익증권을 발행하고 수익증권의 소유자에게 수익을 배당하는 방식
> ㉡ 원래의 토지소유자에게 사업 후 사업에 소요된 비용 등을 제외하고 면적비율에 따라 돌려주는 방식
> ㉢ 공익성이 강하고 대량공급이 가능한 택지개발사업에서 주로 수행하는 방식

① ㉠ : 신탁방식, ㉡ : 환지방식, ㉢ : 공영개발방식

② ㉠ : 신탁방식, ㉡ : 수용방식, ㉢ : 공영개발방식

③ ㉠ : 사업위탁방식, ㉡ : 환지방식, ㉢ : 민간개발방식

④ ㉠ : 사업위탁방식, ㉡ : 수용방식, ㉢ : 민간개발방식

⑤ ㉠ : 컨소시엄방식, ㉡ : 수용방식, ㉢ : 민관협력개발방식

해설

㉠ 토지소유자와의 약정에 의해 수익증권을 발행하고 수익증권의 소유자에게 수익을 배당하는 방식은 신탁방식이다.

㉡ 원래의 토지소유자에게 사업 후 사업에 소요된 비용 등을 제외하고 면적비율에 따라 돌려주는 방식은 환지방식이다.

㉢ 공익성이 강하고 대량공급이 가능한 택지개발사업에서 주로 수행하는 방식은 공영개발방식이다.

정답 ①

필살키 065   민간의 부동산개발방식

민간의 부동산개발방식에 관한 설명으로 틀린 것은?

① 지주공동사업은 토지소유자와 개발업자 간에 부동산개발을 공동으로 시행하는 것으로서 토지소유자는 토지를 제공하고, 개발업자는 개발의 노하우를 제공하여 서로의 이익을 추구하는 형태이다.

② 공사비를 분양금으로 정산하는 사업방식에서는 자금조달은 개발업자가, 사업시행은 토지소유자가 하며, 이익은 토지소유자와 개발업자에게 귀속된다.

③ 토지소유자의 자체사업일 경우에는 자금조달, 사업시행, 이익귀속의 주체는 모두 토지소유자이다.

④ 사업위탁방식은 토지소유자로부터 형식적인 소유권을 이전받은 신탁회사가 토지를 개발·관리·처분하여 그 수익을 수익자에게 돌려주는 방식이다.

⑤ 컨소시엄 구성형은 대규모 개발사업에서 사업의 안정성 확보라는 점에서 장점이 있으나, 사업시행에 시간이 오래 걸리고, 출자회사 간 상호 이해조정이 필요하며, 책임의 회피현상이 있을 수 있다는 단점이 있다.

해설

토지소유자로부터 형식적인 소유권을 이전받은 신탁회사가 토지를 개발·관리·처분하여 그 수익을 수익자에게 돌려주는 방식은 토지신탁형이다.

정답 ④

필살키 **066**   민간투자사업방식

다음에서 설명하는 민간투자사업방식을 〈보기〉에서 올바르게 고른 것은?

ⓒ 민간사업자가 시설준공 후 소유권을 공공에게 귀속시키고, 그 대가로 일정기간 동안 시설운영권을 받아 운영수익을 획득하는 방식

ⓒ 민간사업자가 시설준공 후 소유권을 공공에게 귀속시키고, 그 대가로 받은 시설운영권으로 그 시설을 공공에게 임대하여 임대료를 획득하는 방식

ⓒ 민간사업자가 시설준공 후 소유권을 취득하여, 일정기간 동안 운영을 통해 운영수익을 획득하고, 그 기간이 만료되면 공공에게 소유권을 이전하는 방식

ⓒ 민간사업자가 시설준공 후 소유권을 취득하여, 그 시설을 운영하는 방식으로, 소유권이 민간사업자에게 계속 귀속되는 방식

〈보기〉

㉮ BTO(Build-Transfer-Operate) 방식

㉯ BOT(Build-Operate-Transfer) 방식

㉰ BTL(Build-Transfer-Lease) 방식

㉱ BLT(Build-Lease-Transfer) 방식

㉲ BOO(Build-Own-Operate) 방식

---

① ㉠ : ㉮, ㉡ : ㉯, ㉢ : ㉲, ㉣ : ㉰

② ㉠ : ㉮, ㉡ : ㉰, ㉢ : ㉱, ㉣ : ㉯

③ ㉠ : ㉮, ㉡ : ㉰, ㉢ : ㉯, ㉣ : ㉲

④ ㉠ : ㉯, ㉡ : ㉮, ㉢ : ㉲, ㉣ : ㉰

⑤ ㉠ : ㉯, ㉡ : ㉲, ㉢ : ㉮, ㉣ : ㉰

해설

ⓒ BTO(Build-Transfer-Operate) 방식이다.

ⓒ BTL(Build-Transfer-Lease) 방식이다.

ⓒ BOT(Build-Operate-Transfer) 방식이다.

ⓒ BOO(Build-Own-Operate) 방식이다.

정답 ③

필살키 067   부동산신탁

부동산신탁에 관한 설명으로 **틀린** 것은?

① 신탁회사의 전문성을 통해 이해관계자들에게 안전성과 신뢰성을 제공해 줄 수 있다.
② 부동산신탁의 수익자란 신탁행위에 따라 신탁이익을 받는 자를 말하며, 위탁자가 지정한 제3자가 될 수도 있다.
③ 부동산신탁계약에서의 소유권이전은 실질적 이전이 아니라 등기부상의 형식적 소유권이전이다.
④ 신탁재산은 법률적으로 수탁자에게 귀속되지만 수익자를 위한 재산이므로 수탁자의 고유재산 및 위탁자의 고유재산으로부터 독립된다.
⑤ 부동산담보신탁은 저당권 설정보다 소요되는 경비가 많고, 채무불이행 시 부동산 처분절차가 복잡하다.

해설

부동산담보신탁은 저당권 설정보다 소요되는 <u>비용이 적고</u>, 채무불이행 시 부동산 처분절차가 <u>간편하다</u>는 장점이 있다.

정답 ⑤

필살키 068   부동산관리방식

부동산관리의 위탁관리방식에 관한 설명으로 **틀린** 것은?

① 신뢰도가 높은 업체를 선정하는 것이 중요하다.
② 관리업무의 전문성과 효율성을 제고할 수 있다.
③ 오피스빌딩과 같은 대형건물의 관리에 유용하다.
④ 관리환경 변화에 대한 예측과 적응에 유리하다.
⑤ 자기관리방식보다 기밀유지 측면에서 유리하다.

해설

<u>위탁관리방식보다 자기관리방식</u>이 기밀유지 측면에서 유리하다.

정답 ⑤

필살키 069　부동산마케팅

부동산 마케팅활동에 관한 설명으로 틀린 것은?

① 시장세분화란 부동산시장에서 마케팅활동을 수행하기 위하여 구매자의 집단을 세분화하는 것이다.

② 세분시장은 그 규모와 구매력 등의 특성이 측정될 수 있어야 한다.

③ 세분시장은 개념적으로 구분될 수 있으며 마케팅 믹스 요소에 대해 동일하게 반응한다.

④ 표적시장이란 세분화된 시장 중 가장 효과적인 성과가 기대되어 마케팅활동의 수행대상이 되는 시장을 말한다.

⑤ 포지셔닝은 표적시장에서 고객의 욕구를 파악하여 성생제품과 차별화된 사사제품의 개념을 정해 이를 소비자의 지각 속에 적절히 위치시키는 것이다.

해설

세분시장은 개념적으로 구분될 수 있으며 각각의 시장은 상이한 마케팅 믹스 요소에 대해 <u>다르게 반응</u>한다.

정답 ③

필살카 070 「감정평가에 관한 규칙」상 용어

필살키 pp.46~47 합격서 pp.161~162

「감정평가에 관한 규칙」에 관한 내용으로 <u>틀린</u> 것은?

① 대상물건에 대한 감정평가액은 시장가치를 기준으로 결정한다.
② 감정평가는 기준시점에서의 대상물건의 이용 상황(불법적이거나 일시적인 이용은 제외한다) 및 공법상 제한을 받는 상태를 기준으로 한다.
③ 감정평가는 대상물건마다 개별로 하여야 한다.
④ 감정평가법인등이 토지를 감정평가할 때에는 수익환원법을 적용해야 한다.
⑤ 하나의 대상물건이라도 가치를 달리하는 부분은 이를 구분하여 감정평가할 수 있다.

해설

감정평가법인등이 토지를 감정평가할 때에는 <u>공시지가기준법</u>을 적용해야 한다.

정답 ④

필살카 071 부동산가치의 발생요인

필살키 p.47 합격서 p.165

부동산가치의 발생요인에 관한 설명으로 <u>틀린</u> 것은?

① 효용(유용성)은 인간의 필요나 욕구를 만족시킬 수 있는 재화의 능력이다.
② 효용(유용성)은 부동산의 용도에 따라 주거지는 쾌적성, 상업지는 수익성, 공업지는 생산성으로 표현할 수 있다.
③ 부동산은 용도적 관점에서 대체성이 인정되고 있기 때문에 절대적 희소성이 아닌 상대적 희소성을 가지고 있다.
④ 유효수요는 구입의사와 지불능력을 가지고 있는 수요이다.
⑤ 이전성은 법률적인 측면이 아닌 경제적인 측면에서의 가치발생요인이다.

해설

부동산의 이전성(양도가능성)이란 부동산의 물리적인 이동이나 경제적 측면의 이전을 말하는 것이 아니라, 부동산의 소유자에 의해 부동산소유권에 대한 명의가 자유롭게 이전될 수 있어야 한다는 것이다. 즉, 이전성이란 법률적 측면에서 권리의 이전이 가능해야 한다는 것이다.

정답 ⑤

필살키 072 　부동산가치의 결정과정

부동산가치의 결정과정에 관한 설명으로 **틀린** 것은?

① 부동산가치는 효용, 상대적 희소성, 유효수요 등의 요인이 결합하여 발생한다.

② 부동산가치는 수요를 결정하는 요소인 효용과 유효수요, 공급을 결정하는 요소인 상대적 희소성의 상호작용에 의해 발생하게 되는데, 이를 부동산의 가치발생요인이라고 한다.

③ 대상물건에 대한 감정평가액은 시장가치를 기준으로 결정한다.

④ 부동산의 가치형성요인은 부동산가격(가치) 발생요인에 영향을 미친다.

⑤ 부동산의 가치형성요인은 부단히 변동하나, 각 요인은 서로 영향을 주지 않는다.

해설

부동산의 가치형성요인은 부단히 변동하며, 각 요인은 서로 영향을 주고받는 상호의존성을 가지고 있다.

정답 ⑤

필살키 073 　지역분석과 개별분석

감정평가의 지역분석에 관한 내용으로 **옳은** 것은?

① 인근지역이란 감정평가의 대상이 된 부동산이 속한 지역으로서 부동산의 이용이 동질적이고 가치형성요인 중 지역요인을 공유하는 지역을 말한다.

② 유사지역이란 대상부동산이 속한 지역으로서 인근지역과 유사한 특성을 갖는 지역을 말한다.

③ 동일수급권이란 대상부동산과 수요·공급 관계가 성립하고 가치 형성에 서로 영향을 미치지 않는 관계에 있는 다른 부동산이 존재하는 권역을 말한다.

④ 지역분석은 대상지역 내 토지의 최유효이용 및 대상부동산의 가격을 판정하는 것이다.

⑤ 지역분석은 개별분석 이후에 실시하는 것이 일반적이다.

해설

② 유사지역이란 대상부동산이 속하지 아니하는 지역으로서 인근지역과 유사한 특성을 갖는 지역을 말한다.

③ 동일수급권(同一需給圈)이란 대상부동산과 대체·경쟁 관계가 성립하고 가치형성에 서로 영향을 미치는 관계에 있는 다른 부동산이 존재하는 권역(圈域)을 말하며, 인근지역과 유사지역을 포함한다.

④ 지역분석은 대상부동산이 속해 있는 지역의 지역요인을 분석하여 해당 지역 내 부동산의 표준적 이용과 가격수준을 판정하는 것을 말한다.

⑤ 개별분석보다 지역분석을 먼저 실시하는 것이 일반적이다.

정답 ①

필살키 074 부동산가치의 제 원칙

부동산가치의 제 원칙에 관한 내용으로 <u>틀린</u> 것은?

① 부동산의 가격이 대체·경쟁관계에 있는 유사한 부동산의 영향을 받아 형성되는 것은 대체의 원칙에 해당된다.

② 부동산의 가격이 경쟁을 통해 초과이윤이 없어지고 적합한 가격이 형성되는 것은 경쟁의 원칙에 해당된다.

③ 부동산의 가격이 부동산을 구성하고 있는 각 요소가 기여하는 정도에 영향을 받아 형성되는 것은 기여의 원칙에 해당된다.

④ 부동산의 가격이 외부적인 요인에 의하여 긍정적 또는 부정적 영향을 받아 형성되는 것은 균형의 원칙에 해당된다.

⑤ 부동산 가격의 제 원칙은 최유효이용의 원칙을 상위원칙으로 하나의 체계를 형성하고 있다.

해설

부동산의 가격이 외부적인 요인에 의하여 긍정적 또는 부정적 영향을 받아 형성되는 것은 <u>외부성의 원칙</u>에 해당된다.

정답 ④

필살키 075 원가법

원가방식에 관한 설명으로 옳은 것을 모두 고른 것은?

> ㉠ 원가법과 적산법은 원가방식에 해당한다.
> ㉡ 재조달원가는 실제로 생산 또는 건설된 방법 여하에 불구하고 도급방식을 기준으로 산정한다.
> ㉢ 대상부동산이 가지는 물리적 특성인 지리적 위치의 고정성에 의해서 경제적 감가요인이 발생한다.
> ㉣ 정액법, 정률법, 상환기금법은 대상부동산의 내용연수를 기준으로 하는 감가수정방법에 해당한다.

① ㉠, ㉡   ② ㉢, ㉣
③ ㉠, ㉡, ㉣   ④ ㉠, ㉢, ㉣
⑤ ㉠, ㉡, ㉢, ㉣

해설

㉠㉡㉢㉣ 모두 옳은 내용이다.

정답 ⑤

필살키 076 　거래사례비교법

감정평가방법 중 거래사례비교법에 관한 설명으로 <u>틀린</u> 것은?

① 거래사례비교법은 실제 거래되는 가격을 준거하므로 현실성이 있으며 설득력이 풍부하다는 장점이 있다.
② 거래사례비교법과 관련된 가격원칙은 대체의 원칙이고, 구해진 가액은 비준가액이라 한다.
③ 거래사례비교법은 대상부동산과 동질·동일성이 있어서 비교 가능한 사례를 채택하는 것이 중요하다.
④ 거래사례는 위치에 있어서 동일성 내지 유사성이 있어야 하며, 인근지역에 소재하는 경우에는 지역요인비교를 하여야 한다.
⑤ 거래사례에 사정보정요인이 있는 경우 우선 사정보정을 하고, 거래시점과 기준시점 간의 시간적 불일치를 정상화하는 작업인 시점수정을 하여야 한다.

해설

거래사례는 위치에 있어서 동일성 내지 유사성이 있어야 하며, 인근지역에 소재하는 경우에는 지역요인비교를 하지 않아도 된다.

정답 ④

필살키 077 　자본환원율의 결정방법

수익환원법에서 자본환원율의 결정방법에 관한 설명으로 <u>틀린</u> 것은?

① 조성법은 대상부동산에 관한 위험을 여러 가지 구성요소로 분해하고, 개별적인 위험에 따라 위험할증률을 더해 감으로써 자본환원율을 구하는 방법이다.
② 시장추출법은 대상부동산과 유사한 최근의 거래사례로부터 자본환원율을 찾아낸다.
③ 부채감당법은 매 기간 동안의 현금흐름, 기간 말 부동산의 가치 상승 또는 하락분, 보유기간 동안의 지분형성분의 세 요소가 자본환원율에 미치는 영향으로 구성되어 있다.
④ 물리적 투자결합법은 소득을 창출하는 부동산의 능력이 토지와 건물이 서로 다르며, 분리될 수 있다는 가정에 근거한다.
⑤ 금융적 투자결합법은 지분환원율과 저당환원율을 가중평균하여 자본환원율을 구하는 방법이다.

해설

부채감당법 → 엘우드(Ellwood)법

정답 ③

필살키 078　물건별 감정평가

「감정평가에 관한 규칙」상 주된 평가방법으로 수익환원법을 적용해야 하는 것은 모두 몇 개인가?

• 기업가치	• 상표권
• 영업권	• 특허권
• 전용측선이용권	• 과수원

① 2개

② 3개

③ 4개

④ 5개

⑤ 6개

해설

감정평가법인등은 기업가치, 상표권, 영업권, 특허권, 전용측선이용권 등을 감정평가할 때에 수익환원법을 적용해야 한다. 과수원을 감정평가할 때에는 거래사례비교법을 적용해야 한다.

정답 ④

필살키 079　부동산가격공시제도[1]

「부동산 가격공시에 관한 법률」에 따른 부동산가격공시제도에 관한 설명으로 **틀린** 것은?

① 표준지공시지가는 토지시장에 지가정보를 제공하고 일반적인 토지거래의 지표가 되며, 국가·지방자치단체 등이 그 업무와 관련하여 지가를 산정하거나 감정평가법인등이 개별적으로 토지를 감정평가하는 경우에 그 기준이 된다.

② 표준주택 및 개별주택의 가격은 주택시장의 가격정보를 제공하고, 국가·지방자치단체 등이 과세 등의 업무와 관련하여 주택의 가격을 산정하는 경우에 그 기준으로 활용될 수 있다.

③ 개별공시지가에 이의가 있는 자는 개별공시지가의 결정·공시일부터 30일 이내에 서면으로 시장·군수 또는 구청장에게 이의를 신청할 수 있다.

④ 국토교통부장관은 공동주택가격을 조사·산정하여 중앙부동산가격공시위원회의 심의를 거쳐 공시하고, 이를 관계 행정기관 등에 제공하여야 한다.

⑤ 표준지로 선정된 토지, 조세 또는 부담금 등의 부과대상이 아닌 토지, 그 밖에 대통령령으로 정하는 토지에 대하여는 개별공시지가를 결정·공시하지 아니할 수 있다.

해설

개별주택 및 공동주택의 가격은 주택시장의 가격정보를 제공하고, 국가·지방자치단체 등이 과세 등의 업무와 관련하여 주택의 가격을 산정하는 경우에 그 기준으로 활용될 수 있다.

정답 ②

필살키 080   부동산가격공시제도(2)

「부동산 가격공시에 관한 법률」에 의한 부동산가격공시제도에 대한 내용으로 <u>틀린</u> 것은?

① 표준지에 건물 또는 그 밖의 정착물이 있거나 지상권 또는 그 밖의 토지의 사용·수익을 제한하는 권리가 설정되어 있을 때에는 그 정착물 또는 권리가 존재하지 아니하는 것으로 보고 표준지공시지가를 평가하여야 한다.

② 표준주택을 선정할 때에는 일반적으로 유사하다고 인정되는 일단의 단독주택 및 공동주택에서 해당 일단의 주택을 대표할 수 있는 주택을 선정하여야 한다.

③ 시장·군수 또는 구청장은 공시기준일 이후에 분할·합병 등이 발생한 토지에 대하여는 대통령령이 정하는 날을 기준으로 하여 개별공시지가를 결정·공시하여야 한다.

④ 국토교통부장관은 공시기준일 이후에 토지의 분할·합병이나 건축물의 신축 등이 발생한 경우에는 대통령령으로 정하는 날을 기준으로 하여 비주거용 집합부동산가격을 결정·공시하여야 한다.

⑤ 비주거용 일반부동산에 전세권 또는 그 밖에 비주거용 일반부동산의 사용·수익을 제한하는 권리가 설정되어 있을 때에는 그 권리가 존재하지 아니하는 것으로 보고 적정가격을 조사·산정하여야 한다.

해설

국토교통부장관은 표준주택을 선정할 때에는 일반적으로 유사하다고 인정되는 <u>일단의 단독주택 중에서</u> 해당 일단의 단독주택을 대표할 수 있는 주택을 선정하여야 한다. <u>공동주택은 표준주택과 개별주택으로 구분하지 않는다.</u>

정답 ②

계산문제

수요와 공급함수에서 균형가격과 균형량

다음 조건에서 A지역 아파트시장이 t시점에서 (t+1)시점으로 변화될 때, 균형가격과 균형량의 변화는? (단, 주어진 조건에 한하며, P는 가격, Q_s는 공급량이며, Q_{d1}과 Q_{d2}는 수요량임)

• 아파트 공급함수 : $Q_s = 20 + 8P$
• t시점 아파트 수요함수 : $Q_{d1} = 150 - 5P$
• (t+1)시점 아파트 수요함수 : $Q_{d2} = 200 - 4P$

	균형가격	균형량
①	5만원 상승	$40\,m^2$ 증가
②	5만원 상승	$40\,m^2$ 감소
③	5만원 하락	$20\,m^2$ 감소
④	10만원 상승	$40\,m^2$ 증가
⑤	10만원 상승	$40\,m^2$ 감소

해설

• t시점 : A지역의 아파트시장에서 수요함수는 $Q_{d1} = 150 - 5P$, 공급함수는 $Q_s = 20 + 8P$이라면, 균형점에서 $150 - 5P = 20 + 8P$이므로 $13P = 130$이다. 따라서 $P = 10$, $Q = 100$이다.

• (t+1)시점 : 아파트 수요함수가 $Q_{d2} = 200 - 4P$로 변하고 공급함수는 그대로 $Q_s = 20 + 8P$라면, 균형점에서 $200 - 4P = 20 + 8P$이므로 $12P = 180$이다.
따라서 $P = 15$, $Q = 140$이 되므로, <u>균형가격은 5만원만큼 상승, 균형량은 40m²만큼 증가</u>했다.

정답 ①

A부동산에 대한 수요의 가격탄력성은 0.7이고, 소득탄력성은 3으로 조사되었다. A부동산가격이 1% 상승하고 소득도 1% 증가할 경우, A부동산 수요량의 변화는? (단, A부동산은 정상재이고, 가격탄력성은 절댓값으로 나타내며, 다른 조건은 동일함)

① 1% 증가　　　　　　　　　　　② 1% 감소

③ 2.3% 증가　　　　　　　　　　④ 2.3% 감소

⑤ 3.7% 증가

해설

A부동산에 대한 수요의 가격탄력성$(\varepsilon_d) = \left| \dfrac{\text{A부동산 수요량변화율}}{\text{A부동산 가격변화율}} \right| = \left| \dfrac{x\% \downarrow}{1\% \uparrow} \right| = 0.7$이므로 A부동산가격이 1% 상승하면 수요량은 0.7% 감소한다. 그런데 A부동산은 정상재이며,

수요의 소득탄력성$(\varepsilon_{d,\,I}) = \dfrac{\text{수요량변화율}}{\text{소득변화율}} = \dfrac{x\% \uparrow}{1\% \uparrow} = 3$이므로

소득이 1% 증가하면 수요량은 3% 증가한다.

따라서 수요의 가격탄력성과 관련하여 수요량은 0.7% 감소하고, 수요의 소득탄력성과 관련하여 수요량은 3% 증가하므로 수요량은 전체적으로 2.3% 증가한다.

정답 ③

다음과 같이 주어진 자료에 의할 때 소형아파트에 대한 주거용 오피스텔 수요의 교차탄력성은? (단, 다른 모든 조건은 일정하며, 주어진 조건에 한함)

- 가구소득이 5% 상승하고 소형아파트 가격은 6% 상승했을 때, 주거용 오피스텔의 수요는 7% 증가
- 주거용 오피스텔 수요의 소득탄력성은 0.8이며, 주거용 오피스텔과 소형아파트는 대체관계임

① 0.1   ② 0.2

③ 0.3   ④ 0.4

⑤ 0.5

해설

주거용 오피스텔 수요의 소득탄력성$(\varepsilon_{d,\,I}) = \dfrac{수요량변화율}{소득변화율} = \dfrac{x\% \uparrow}{5\% \uparrow} = 0.8$이므로 소득이 5% 상승하면 주거용 오피스텔 수요량은 4% 증가한다. 그런데 주거용 오피스텔의 수요량이 7% 증가한다고 했으므로 소형아파트에 대한 주거용 오피스텔 수요의 교차탄력성에서 소형아파트 가격 상승에 따른 주거용 오피스텔의 수요량 증가는 3%라는 의미이다.

그런데 소형아파트 가격이 6% 상승했다고 하였으므로

소형아파트에 대한 주거용 오피스텔 수요의 교차탄력성$(\varepsilon_{d,\,YX}) = \dfrac{주거용\ 오피스텔\ 수요량변화율}{소형아파트\ 가격변화율} = \dfrac{3\% \uparrow}{6\% \uparrow}$이다.

따라서 소형아파트에 대한 <u>주거용 오피스텔 수요의 교차탄력성은 0.5</u>이다.

정답 ⑤

수요함수와 공급함수가 각각 A부동산시장에서는 $Q_d = 200 - P$, $Q_s = 10 + \frac{1}{2}P$이고, B부동산시장에서는 $Q_d = 400 - \frac{1}{2}P$, $Q_s = 50 + 2P$이다. 거미집이론(Cob-web theory)에 의한 A시장과 B시장의 모형 형태의 연결이 옳은 것은? (단, x축은 수량, y축은 가격, 각각의 시장에 대한 P는 가격, Q_d는 수요량, Q_s는 공급량이며, 가격변화에 수요는 즉각 반응하지만 공급은 시간적인 차이를 두고 반응함, 다른 조건은 동일함)

① A : 수렴형, B : 발산형
② A : 수렴형, B : 순환형
③ A : 발산형, B : 수렴형
④ A : 발산형, B : 순환형
⑤ A : 순환형, B : 발산형

해설

1. A부동산시장에서는 수요함수가 $Q_d = 200 - P$, 공급함수가 $Q_s = 10 + \frac{1}{2}P$로 주어졌다. 기울기를 구하기 위해 이를 P에 대해 정리하면 수요함수는 $P = 200 - Q_d$, 공급함수는 $P = -20 + 2Q_s$이다.
   따라서 수요곡선의 기울기 절댓값(1)보다 공급곡선의 기울기 절댓값(2)이 크므로, <u>수요의 가격탄력성이 공급의 가격탄력성보다 크다</u>는 의미이며, <u>수렴형</u>이 된다.

2. B부동산시장에서는 수요함수가 $Q_d = 400 - \frac{1}{2}P$, 공급함수가 $Q_s = 50 + 2P$로 주어졌다. 기울기를 구하기 위해 이를 P에 대해 정리하면 수요함수는 $\frac{1}{2}P = 400 - Q_d$이며, $P = 800 - 2Q_d$이다.
   공급함수는 $2P = -50 + Q_s$이며, $P = -25 + \frac{1}{2}Q_s$이다.
   따라서 수요곡선의 기울기의 절댓값(2)이 공급곡선의 기울기의 절댓값$\left(\frac{1}{2}\right)$보다 크므로, <u>수요의 가격탄력성보다 공급의 가격탄력성이 크다</u>는 의미이며, <u>발산형</u>이 된다.

정답 ①

X노선 신역사가 들어선다는 정보가 있다. 만약 부동산 시장이 할당효율적이라면 투자자가 최대한 지불할 수 있는 정보비용의 현재가치는? (단, 제시된 가격은 개발정보의 실현 여부에 의해 발생하는 가격차이만을 반영하고, 주어진 조건에 한함)

- X노선 신역사 예정지 인근에 일단의 A토지가 있다.
- 1년 후 도심에 X노선 신역사가 들어설 확률이 60%로 알려져 있다.
- 1년 후 도심에 X노선 신역사가 들어서면 A토지의 가격은 5억 5,000만원, 신역사가 들어서지 않으면 2억 7,500만원으로 예상된다.
- 투자자의 요구수익률(할인율)은 연 10%이다.

① 5천만원
② 1억원
③ 1억 5천만원
④ 2억원
⑤ 2억 5천만원

해설

1. 1년 후 신역사가 들어설 경우의 기댓값의 현재가치(불확실성하의 현재가치)

$$= \frac{(5억 \ 5,000만원 \times 0.6) + (2억 \ 7,500만원 \times 0.4)}{1 + 0.1} = 4억원$$

2. 1년 후 신역사가 들어서는 것이 확실할 경우 토지의 현재가치

$$= \frac{5억 \ 5,000만원}{1 + 0.1} = 5억원$$

3. 정보의 현재가치 = 확실성하의 현재가치 − 불확실성하의 현재가치
   = 5억원 − 4억원 = <u>1억원</u>

정답 ②

A도시와 B도시 사이에 있는 C도시는 A도시로부터 $5\mathrm{km}$, B도시로부터 $10\mathrm{km}$ 떨어져 있다. 각 도시의 인구 변화가 다음과 같을 때, 작년에 비해 금년에 C도시로부터 B도시의 구매활동에 유인되는 인구수의 증가는? [단, 레일리(W. Reilly)의 소매인력법칙에 따르고, C도시의 모든 인구는 A도시와 B도시에서만 구매하며, 다른 조건은 동일함]

구분	작년 인구수	금년 인구수
A도시	5만명	5만명
B도시	20만명	30만명
C도시	2만명	3만명

① 6,000명
② 7,000명
③ 8,000명
④ 9,000명
⑤ 10,000명

해설

레일리의 B도시에 대한 A도시의 구매지향비율 $\left(\dfrac{B_\mathrm{A}}{B_\mathrm{B}}\right)$ 은

$\dfrac{B_\mathrm{A}}{B_\mathrm{B}} = \dfrac{P_\mathrm{A}}{P_\mathrm{B}} \times \left(\dfrac{D_\mathrm{B}}{D_\mathrm{A}}\right)^2 = \dfrac{\text{A도시의 인구}}{\text{B도시의 인구}} \times \left(\dfrac{\text{B도시까지의 거리}}{\text{A도시까지의 거리}}\right)^2$ 이므로 작년의 B도시에 대한 A도시의 구매지향비율은

$\dfrac{5\text{만명}}{20\text{만명}} \times \left(\dfrac{10}{5}\right)^2 = \dfrac{1}{4} \times 4 = \dfrac{1}{1}$ 이다.

따라서 작년에 A도시로의 인구유인비율 : B도시로의 인구유인비율은 1 : 1로, C도시 인구가 2만명이었으므로 A도시 1만명, B도시 1만명이었다.

그런데 금년의 B도시에 대한 A도시의 구매지향비율은

$\dfrac{5\text{만명}}{30\text{만명}} \times \left(\dfrac{10}{5}\right)^2 = \dfrac{1}{6} \times 4 = \dfrac{2}{3}$ 이다.

따라서 금년에 A도시로의 인구유인비율 : B도시로의 인구유인비율은 2 : 3으로, C도시 인구가 3만명이었으므로 A도시 1만 2,000명, B도시 1만 8,000명이다.

그러므로 작년에 비해 금년에 C도시로부터 B도시의 구매활동에 유인되는 인구수의 증가는 1만명에서 1만 8,000명으로 8,000명이 증가하였다.

정답 ③

허프(D. Huff)모형을 활용하여, 어느 소비자거주지역의 주민이 A매장을 이용할 확률과 A매장의 월 추정매출액을 순서대로 나열한 것은? (단, 주어진 조건에 한함)

- 소비자거주지역의 인구 : 1,000명
- 1인당 A매장 월 소비액 : 20만원
- 공간마찰계수 : 2
- 소비자거주지역의 주민은 모두 구매자이고, A, B매장에서만 구매한다고 가정

구분	A매장	B매장
매장의 면적	$4,200m^2$	$700m^2$
소비자거주지로부터의 거리	2km	1km

① 40%, 9,000만원
② 50%, 9,000만원
③ 50%, 1억 2,000만원
④ 60%, 9,000만원
⑤ 60%, 1억 2,000만원

해설

공간마찰계수가 2이므로

1. A매장을 이용할 확률(%) $= \dfrac{\dfrac{4,200}{2^2}}{\dfrac{4,200}{2^2} + \dfrac{700}{1^2}} = \underline{0.6(60\%)}$

2. A매장의 이용객 수 = 1,000명 × 0.6 = 600명
3. 1인당 A매장 월 소비액은 20만원이므로
   A매장의 월 추정매출액 = 20만원 × 600명 = <u>1억 2,000만원</u>이다.

정답 ⑤

부동산투자에서 (㉠)타인자본을 활용하지 않은 경우와 (㉡)타인자본을 40% 활용하는 경우, 각각의 1년간 자기자본수익률(%)은? (단, 주어진 조건에 한함)

- 부동산 매입가격 : 10,000만원
- 1년 후 부동산 처분
- 순영업소득(NOI) : 연 500만원(기간 말 발생)
- 보유기간 동안 부동산가격 상승률 : 연 2%
- 대출조건 : 이자율 연 4%, 대출기간 1년, 원리금은 만기일시상환

① ㉠ : 7.0, ㉡ : 7.0   ② ㉠ : 7.0, ㉡ : 8.0
③ ㉠ : 7.0, ㉡ : 9.0   ④ ㉠ : 7.5, ㉡ : 8.0
⑤ ㉠ : 7.5, ㉡ : 9.0

해설

㉠ 타인자본을 활용하지 않는 경우

1년간 소득이득(순영업소득)은 500만원이고, 1년간 부동산가격 상승률인 2%에 따른 자본이득은 200만원이 존재하므로 총자본수익은 700만원이 된다. 타인자본을 활용하지 않는 경우는 부동산 매입가격 10,000만원을 전액 자기자본으로 충당해야 한다.

$$\therefore 자기자본수익률 = \frac{700만원(= 500만원 + 200만원)}{10,000만원} \times 100(\%) = \underline{7\%}$$

㉡ 타인자본을 40% 활용하는 경우

타인자본을 40% 활용하는 경우는 부동산 매입가격 10,000만원 중 자기자본이 6,000만원이고 타인자본이 4,000만원이다.

$$\therefore 자기자본수익률 = \frac{700만원 - (4,000만원 \times 0.04)}{6,000만원} \times 100(\%) = \underline{9\%}$$

정답 ③

甲은 부동산자금을 마련하기 위하여 2024년 1월 1일 현재, 3년 동안 매년 연말 30,000,000원을 불입하는 금융상품에 가입했다. 이 금융상품의 이자율이 연 5%라면, 이 금융상품의 현재가치는? (단, 백원 단위 이하는 절사함)

① 42,476,000원

② 67,472,000원

③ 72,853,000원

④ 74,795,000원

⑤ 81,697,000원

해설

해당 금융상품이 3년 동안 매년 연말 30,000,000원씩 불입하는 투자상품인데, 이것의 현재가치를 구하는 것이므로 연금의 현가계수가 사용된다. 즉, 30,000,000원에 연금의 현가계수(3년)를 곱하면 되므로 30,000,000원 × 연금의 현가계수(3년)로 구한다.

$(1+0.05)^{-3} = \dfrac{1}{(1+0.05)^3} = 0.86383759853$이므로

연금의 현가계수(3년) $= \dfrac{1-(1+0.05)^{-3}}{0.05} = 2.7232480294$이다.

따라서 30,000,000원 × 2.7232480294 = 약 81,697,440원이다.

그런데 백원 단위 이하는 절사하라고 했으므로 <u>81,697,000원</u>이다.

정답 ⑤

투자부동산 A에 관한 투자분석을 위해 관련자료를 수집한 내용은 다음과 같다. 이 경우 순영업소득은? (단, 주어진 자료에 한하며, 연간 기준임)

- 유효총소득 : 360,000,000 원
- 대출원리금 상환액 : 50,000,000 원
- 수도광열비 : 36,000,000 원
- 수선유지비 : 18,000,000 원
- 공실손실상당액·대손충당금 : 18,000,000 원
- 직원인건비 : 80,000,000 원
- 감가상각비 : 40,000,000 원
- 용역비 : 30,000,000 원
- 재산세 : 18,000,000 원
- 사업소득세 : 3,000,000 원

① 138,000,000 원
② 157,000,000 원
③ 160,000,000 원
④ 178,000,000 원
⑤ 258,000,000 원

해설

보기에서 나열된 비용명세 중 영업경비에 해당하는 것은 수도광열비 : 36,000,000원, 수선유지비 : 18,000,000원, 직원인건비 : 80,000,000원, 용역비 : 30,000,000원, 재산세 : 18,000,000원으로 영업경비는 모두 합한 182,000,000원이다. 대출원리금 상환액 : 50,000,000원, 공실손실상당액·대손충당금 : 18,000,000원, 감가상각비 : 40,000,000원, 사업소득세 : 3,000,000원은 영업경비에 해당하지 않는다.

따라서 순영업소득은 유효총소득(360,000,000원)에서 영업경비(182,000,000)를 뺀 <u>178,000,000원</u>이다.

정답 ④

다음 표와 같은 투자사업들이 있다. 이 사업들은 모두 사업기간이 1년이며, 금년에는 현금지출만 발생하고 내년에는 현금유입만 발생한다고 한다. 할인율이 10%라고 할 때 **틀린** 것은?

사업	금년의 현금지출	내년의 현금유입
A	250만원	605만원
B	200만원	330만원
C	150만원	495만원
D	125만원	275만원

① 사업 A와 C의 순현가(NPV)는 같다.
② 순현가(NPV)가 가장 작은 사업은 B이다.
③ 사업 C의 내부수익률(IRR)은 230%이다.
④ 수익성지수(PI)가 큰 순서는 C > B > D > A이다.
⑤ 총투자비가 400만원이라면 사업 A와 C를 수행하는 투자안이 다른 투자안보다 타당성이 더 높다.

해설

사업	금년의 현금지출	내년의 현금유입	현금유입의 현가	순현가 (유입현가 – 유출현가)	내부 수익률	수익성지수 $\left(\dfrac{유입현가}{유출현가}\right)$
A	250만원	605만원	$\dfrac{605}{1+0.1} = 550$만원	300만원	142%	2.2
B	200만원	330만원	$\dfrac{330}{1+0.1} = 300$만원	100만원	65%	1.5
C	150만원	495만원	$\dfrac{495}{1+0.1} = 450$만원	300만원	230%	3
D	125만원	275만원	$\dfrac{275}{1+0.1} = 250$만원	125만원	120%	2

따라서 수익성지수(PI)가 큰 순서는 C > A > D > B이다.

정답 ④

비율분석법을 이용하여 산출한 것으로 <u>틀린</u> 것은? (단, 주어진 조건에 한하며, 연간기준임)

- 주택담보대출액 : 2억원
- 주택담보대출의 연간 원리금상환액 : 1,000만원
- 부동산가치 : 4억원
- 차입자의 연소득 : 5,000만원
- 가능총소득 : 4,000만원
- 공실손실상당액 및 대손충당금 : 가능총소득의 25%
- 영업경비 : 가능총소득의 50%

① 담보인정비율(LTV) = 0.5
② 부채감당률(DCR) = 1.0
③ 총부채상환비율(DTI) = 0.2
④ 영업경비비율(OER, 유효총소득 기준) = 0.8
⑤ 채무불이행률(DR) = 1.0

해설

가능총소득	4,000만원
− 공실손실상당액 및 대손충당금	− 1,000만원(= 4,000만원 × 0.25)
유효총소득	3,000만원
− 영업경비	− 2,000만원(= 4,000만원 × 0.5)
순영업소득	1,000만원

주택담보대출의 연간 원리금상환액은 부채서비스액을 의미하므로 부채서비스액은 1,000만원이다.

① 담보인정비율(LTV) $= \dfrac{\text{부채잔금(융자액)}}{\text{부동산가치}} = \dfrac{2억원}{4억원} = 0.5(50\%)$

② 부채감당률(DCR) $= \dfrac{\text{순영업소득}}{\text{부채서비스액}} = \dfrac{1,000만원}{1,000만원} = 1.0$

③ 총부채상환비율(DTI) $= \dfrac{\text{연간 부채상환액}}{\text{연간소득액}} = \dfrac{1,000만원}{5,000만원} = 0.2$

④ 영업경비비율(OER, 유효총소득 기준) $= \dfrac{\text{영업경비}}{\text{유효총소득}} = \dfrac{2,000만원}{3,000만원} ≒ \underline{0.67}$

⑤ 채무불이행률(DR) $= \dfrac{\text{영업경비 + 부채서비스액}}{\text{유효총소득}} = \dfrac{2,000만원 + 1,000만원}{3,000만원} = 1.0$

정답 ④

서울에 거주하는 甲이 다음과 같이 시중은행에서 주택을 담보로 대출을 받고자 할 때 甲이 받을 수 있는 최대 대출가능금액은?

- 대출승인 기준 : 담보인정비율(LTV) 60%
　　　　　　　　총부채상환비율(DTI) 40%
 (두 가지의 대출승인 기준을 모두 충족시켜야 함)
- 甲의 서울 소재 주택의 담보평가가격 : 500,000,000원
- 甲의 연간 소득 : 60,000,000원
- 기존 대출 : 연간 12,000,000원 부채상환
- 연간 저당상수 : 0.12(원리금균등분할상환)

---

① 100,000,000원

② 150,000,000원

③ 200,000,000원

④ 240,000,000원

⑤ 300,000,000원

해설

1. 담보인정비율(LTV) $= \dfrac{\text{융자액}}{\text{부동산가치}}$ 이므로, $60\% = \dfrac{x}{500,000,000\,원}$

 따라서 LTV에 의한 대출가능액(x)은 300,000,000원이다.

2. 총부채상환비율(DTI) $= \dfrac{\text{연간 부채상환액}}{\text{연간소득}}$ 이므로, $40\% = \dfrac{x}{60,000,000\,원}$

 따라서 연간 부채상환액(원리금상환액, x) $= 60,000,000$원 $\times 0.4 = 24,000,000$원이다.
 저당대부액 $\times$ 저당상수 $=$ 부채서비스액이므로

 저당대부액 $= \dfrac{\text{부채서비스액}}{\text{저당상수}} = \dfrac{24,000,000\,원}{0.12} = 200,000,000$원이 된다.

3. 두 가지의 대출승인 기준을 모두 충족시켜야 하므로 LTV조건의 300,000,000원과 DTI조건의 200,000,000원 중 적은 200,000,000원이 최대 대출가능금액이 되어야 한다. 그런데 기존 사업자금대출에 의한 연간 부채상환액이 12,000,000원

 존재하므로 기존 저당대부액은 $\dfrac{\text{부채서비스액}}{\text{저당상수}} = \dfrac{12,000,000\,원}{0.12} = 100,000,000$원이다.

 따라서 추가로 대출가능금액은 200,000,000원에서 100,000,000원을 뺀 <u>100,000,000원</u>이 된다.

정답 ①

A는 주택 구입을 위해 연초에 5억원을 대출받았다. A가 받은 대출조건이 다음과 같을 때, 대출금리(㉠)와 3회차에 상환할 원리금(㉡)은? (단, 주어진 조건에 한함)

> • 대출금리 : 고정금리
> • 대출기간 : 20년
> • 1회차 원리금상환액 : 4,500만원
> • 원리금 상환조건 : 원금균등상환방식, 매년 말 연단위로 상환

① ㉠ : 연 4%, ㉡ : 4,200만원
② ㉠ : 연 4%, ㉡ : 4,300만원
③ ㉠ : 연 5%, ㉡ : 4,200만원
④ ㉠ : 연 5%, ㉡ : 4,300만원
⑤ ㉠ : 연 6%, ㉡ : 4,500만원

해설

• 매 기간 원금상환액 : 5억원 ÷ 20년 = 2,500만원
• 1회차에 지급해야 할 이자지급액 : 4,500만원 − 2,500만원 = 2,000만원
  대출금리는 2,000만원 ÷ 5억원 = 0.04(4%) 이다.
• 2회차까지의 원금상환액 : 2,500만원 × 2회 = 5,000만원
• 2회차 말 대출잔액 : 5억원 − 5,000만원 = 4억 5,000만원
• 3회차 이자지급액 : 4억 5,000만원 × 0.04 = 1,800만원
따라서 3회차에 상환할 원리금은 2,500만원 + 1,800만원 = 4,300만원이다.

정답 ②

A는 아파트를 구입하기 위해 은행으로부터 연초에 5억원을 대출받았다. A가 받은 대출의 조건이 다음과 같을 때, 대출금리(㉠)와 2회차에 상환할 원금(㉡)은? (단, 주어진 조건에 한함)

- 대출금리 : 고정금리
- 대출기간 : 20년
- 연간 저당상수 : 0.087
- 1회차 원금상환액 : 1,350만원
- 원리금상환조건 : 원리금균등상환방식, 매년 말 연단위 상환

① ㉠ : 연간 5.5%, ㉡ : 1,365만원
② ㉠ : 연간 6.0%, ㉡ : 1,431만원
③ ㉠ : 연간 6.0%, ㉡ : 1,455만원
④ ㉠ : 연간 6.5%, ㉡ : 1,065만원
⑤ ㉠ : 연간 6.5%, ㉡ : 1,260만원

해설

㉠ 원리금균등상환에서 원리금은 저당대부액에 저당상수를 곱하여 구한다.
  즉, 원리금(저당지불액) = 저당대부액 × 저당상수이다.
  따라서 매회의 원리금(저당지불액)은 5억원 × 0.087 = 4,350만원이다.
  또한 1회차 상환해야 할 원금은 1,350만원이므로
  4,350만원 − 이자지급액 = 1,350만원이며, 이자지급액은 3,000만원이다.
  따라서 1회차 지급해야 할 이자지급액은 5억원 × 대출금리(x) = 3,000만원이며,
  대출금리(x)는 3,000만원 ÷ 5억원 = <u>0.06(6%)</u> 이다.
㉡ 1회차 대출잔액(저당잔금)은 5억원 − 1,350만원 = 4억 8,650만원이며,
  2회차 지급해야 할 이자지급액은 4억 8,650만원 × 0.06 = 2,919만원이다.
  따라서 <u>2회차 상환해야 할 원금</u>은 4,350만원 − 2,919만원 = <u>1,431만원</u>이다.

정답 ②

임차인 A는 작년 1년 동안 분양면적 $1,000\text{m}^2$의 매장을 비율임대차(percentage lease)방식으로 임차하였다. 계약내용에 따르면, 매출액이 손익분기점 매출액 이하이면 기본임대료만 지급하고, 이를 초과하는 매출액에 대해서는 일정 임대료율을 적용한 추가임대료를 기본임대료에 가산하도록 하였다. 전년도 연임대료로 총 5,500만원을 지급한 경우, 해당 계약내용에 따른 손익분기점 매출액은? (단, 연간 기준이며, 주어진 조건에 한함)

- 기본임대료 : 분양면적 m^2당 5만원
- 손익분기점 매출액을 초과하는 매출액에 대한 임대료율 : 5%
- 매출액 : 분양면적 m^2당 30만원

① 1억 6,000만원
② 1억 7,000만원
③ 1억 8,000만원
④ 1억 9,000만원
⑤ 2억원

해설

- 기본임대료 $= 5$만원$/\text{m}^2 \times 1,000\text{m}^2 = 5,000$만원
- 매출액 $= 30$만원$/\text{m}^2 \times 1,000\text{m}^2 = 3$억원
- 연임대료 5,500만원은 기본임대료 5,000만원과 추가임대료(x)를 합한 금액이므로 추가임대료는 500만원이다.
- 손익분기점 매출액 초과 매출액에 대한 임대료율은 5%이므로 손익분기점 초과 매출액(x)$\times 0.05 = 500$만원이며, 손익분기점 초과 매출액(x)은 1억원이 된다. 따라서 손익분기점 매출액은 매출액 3억원에서 손익분기점 초과 매출액 1억원을 뺀 2억원이다.

정답 ⑤

필살키 097 원가법에 의한 적산가액

다음 자료를 활용하여 원가법으로 평가한 대상건물의 가액은? (단, 주어진 조건에 한함)

- 대상건물 : 철근콘크리트구조, 다가구주택, 연면적 $350\,m^2$
- 기준시점 : 2024. 09. 01.
- 사용승인시점 : 2014. 09. 01.
- 사용승인시점의 적정한 신축공사비 : $1,000,000$ 원$/m^2$
- 건축비지수
  - 기준시점 : 115
  - 사용승인시점 : 100
- 경제적 내용연수 : 50년
- 감가수정방법 : 정액법(만년감가기준)
- 내용연수 만료 시 잔존가치 없음

① 313,000,000 원　　　　② 322,000,000 원
③ 342,000,000 원　　　　④ 350,000,000 원
⑤ 352,000,000 원

해설

경과연수가 10년이고 사용승인일의 신축공사비는 $1,000,000$ 원$/m^2$이므로 350,000,000 원($= 1,000,000$ 원 $\times 350\,m^2$)이고, 건축비지수에 의한 시점수정치가 1.15($= 115/100$)이므로

- 재조달원가 $= 350,000,000$ 원 $\times 1.15 = 402,500,000$ 원

  내용연수 만료 시 잔존가치 없으므로

- 매년의 감가액 $= \dfrac{402,500,000\ 원}{50년} = 8,050,000$ 원

- 감가누계액 $= 8,050,000$ 원 $\times 10년(경과연수) = 80,500,000$ 원

따라서 적산가액 $= 402,500,000$ 원 $- 80,500,000$ 원 $= \underline{322,000,000\ 원}$이다.

정답 ②

다음 자료를 활용하여 거래사례비교법으로 산정한 토지의 비준가액은? (단, 주어진 조건에 한함)

- 대상토지 : A시 B구 C동 350번지, 200m^2(면적), 대(지목), 주상용(이용상황),
  제2종 일반주거지역(용도지역)
- 기준시점 : 2024. 08. 01.
- 거래사례
  - 소재지 : A시 B구 C동 340번지
  - 250m^2(면적), 대(지목), 주상용(이용상황)
  - 제2종 일반주거지역(용도지역)
  - 거래가격 : 500,000,000원
  - 거래시점 : 2024. 02. 01.
- 거래사례는 급매로 인해 정상가격보다 10% 저가로 거래됨
- 지가변동률(A시 B구, 2024. 02. 01. ~ 2024. 08. 01.) : 주거지역 5% 상승, 상업지역 4% 상승
- 지역요인 : 거래사례와 동일
- 개별요인 : 거래사례에 비해 10% 열세
- 상승식으로 계산

---

① 333,520,000원
② 378,000,000원
③ 420,000,000원
④ 450,000,000원
⑤ 465,000,000원

해설

거래사례가격은 500,000,000원에 거래되었으며, 사례토지의 면적이 250m^2이고, 대상토지의 면적은 200m^2이므로 $\dfrac{200}{250}$이다. 거래사례는 급매로 인해 정상가격보다 10% 저가로 거래되었으므로 사정보정치는 $\dfrac{100}{90}$이며, 주거지역의 연간 지가상승률은 5%이므로 시점수정치는 1.05이다. 지역요인은 거래사례와 동일 지역요인은 비교하지 않아도 되며, 대상토지는 거래사례에 비해 10% 열세하므로 개별요인 비교치는 0.9이다.

따라서 500,000,000원 $\times 1.05 \times 0.9 \times \dfrac{100}{90} \times \dfrac{200}{250} = \underline{420,000,000원}$

정답 ③

다음 자료를 활용하여 공시지가기준법으로 평가한 대상토지의 시산가액(m^2당 단가)은?

- 대상토지 현황 : A시 B구 C동 101번지, 일반상업지역, 상업나지
- 기준시점 : 2024. 04. 08.
- 비교표준지 : A시 B구 C동 103번지, 일반상업지역, 상업나지
    2024. 01. 01. 기준 표준지공시지가 10,000,000원/m^2
- 지가변동률
  - 2024. 01. 01. ~ 2024. 03. 31. : -5.00%
  - 2024. 04. 01. ~ 2024. 04. 08. : -2.00%
- 지역요인 : 비교표준지는 대상토지의 인근지역에 위치함
- 개별요인 : 대상토지는 비교표준지 대비 획지조건에서 4% 열세하고, 환경조건에서 5% 우세하며, 다른 조건은 동일함
- 그 밖의 요인 보정 : 대상토지 인근지역의 가치형성요인이 유사한 정상적인 거래사례 및 평가사례 등을 고려하여 그 밖의 요인으로 20% 증액 보정함
- 상승식으로 계산할 것
- 산정된 시산가액의 천원 미만은 버릴 것

---

① 11,144,000원
② 11,168,000원
③ 11,190,000원
④ 11,261,000원
⑤ 11,970,000원

해설

표준지공시지가를 기준으로 평가하므로 사정보정은 필요가 없다. 제시된 자료에 의하면 표준지공시지가는 10,000,000원/m^2, 시점수정치는 2024. 01. 01. ~ 2024. 03. 31. : -5.00%이므로 0.95, 2024. 04. 01. ~ 2024. 04. 08. : -2.00%이므로 0.98, 개별요인 비교치 중 획지조건은 0.96, 환경조건은 1.05이다. 그 밖의 요인으로 20% 증액 보정하면 1.2이다. 이를 계산하면 10,000,000원/$m^2 \times 0.95 \times 0.98 \times 0.96 \times 1.05 \times 1.2 = 11,261,376$원/$m^2$이 된다. 그런데 산정된 시산가액의 천원 미만은 버리라고 했으므로 <u>11,261,000원/m^2</u>이 된다.

정답 ④

다음과 같은 조건에서 대상부동산의 수익가액 산정 시 적용할 환원이율(capitalization rate)은?
(단, 주어진 조건에 한함)

- 가능총소득(PGI) : 연 85,000,000원
- 공실상당액 : 가능총소득의 5%
- 재산관리수수료 : 가능총소득의 2%
- 유틸리티비용 : 가능총소득의 2%
- 관리직원 인건비 : 가능총소득의 3%
- 부채서비스액 : 연 20,000,000원
- 대부비율 : 25%
- 대출조건 : 이자율 연 4%로 28년간 매년 원리금균등분할상환(고정금리)
- 저당상수(이자율 연 4%, 기간 28년) : 0.06

① 5.61%   ② 5.66%
③ 5.71%   ④ 5.76%
⑤ 5.81%

해설

주어진 자료로부터 순영업소득을 계산한 후 부채감당률을 구하면 부채감당법에 의한 환원이율을 구할 수 있다. 그런데 영업경비에는 영업소득세, 부채서비스액은 제외된다.

가능총소득	85,000,000원
− 공실상당액	− 4,250,000원(= 85,000,000원 × 0.05)
유효총소득	80,750,000원
− 영 업 경 비	− 5,950,000원
순영업소득	74,800,000원

[영업경비는 재산관리수수료 170만원(= 85,000,000원 × 0.02), 유틸리티비용 170만원(= 85,000,000원 × 0.02), 관리직원 인건비 255만원(= 85,000,000원 × 0.03)을 합한 595만원이 된다]
부채감당법에 의한 환원이율(자본환원율)은 '부채감당률 × 대부비율 × 저당상수'를 통해 구한다.

$$부채감당률 = \frac{순영업소득}{부채서비스액} = \frac{74,800,000원}{20,000,000원} = 3.74$$

대부비율이 25%(0.25)이며, 저당상수가 0.06이므로
부채감당법에 의한 환원이율(자본환원율) = 3.74 × 0.25 × 0.06 = 0.0561(5.61%)이다.

정답 ①

내가 꿈을 이루면
나는 누군가의 꿈이 된다.

– 이도준

MEMO

2024 에듀윌 공인중개사 이영방 필살키

발 행 일	2024년 8월 5일 초판
편 저 자	이영방
펴 낸 이	양형남
펴 낸 곳	(주)에듀윌
등록번호	제25100-2002-000052호
주　　소	08378 서울특별시 구로구 디지털로34길 55
	코오롱싸이언스밸리 2차 3층

www.eduwill.net
대표전화 1600-6700

여러분의 작은 소리
에듀윌은 크게 듣겠습니다.

본 교재에 대한 여러분의 목소리를 들려주세요.

공부하시면서 어려웠던 점, 궁금한 점,

칭찬하고 싶은 점, 개선할 점, 어떤 것이라도 좋습니다.

에듀윌은 여러분께서 나누어 주신 의견을

통해 끊임없이 발전하고 있습니다.

에듀윌 도서몰 book.eduwill.net

• 부가학습자료 및 정오표: 에듀윌 도서몰 → 도서자료실
• 교재 문의: 에듀윌 도서몰 → 문의하기 → 교재(내용, 출간) / 주문 및 배송

에듀윌 직영학원에서
합격을 수강하세요

언제나 전문 학습 매니저와 상담이 가능한 안내데스크

고품질 영상 및 음향 장비를 갖춘 최고의 강의실

재충전을 위한 카페 분위기의 아늑한 휴게실

에듀윌의 상징 노란색의 환한 학원 입구

에듀윌 직영학원 대표전화

공인중개사 학원	02)815-0600	공무원 학원	02)6328-0600	편입 학원	02)6419-0600
주택관리사 학원	02)815-3388	소방 학원	02)6337-0600	세무사·회계사 학원	02)6010-0600
전기기사 학원	02)6268-1400	부동산아카데미	02)6736-0600		

공인중개사학원
바로가기

에듀윌 공인중개사
동문회 특권

1. 에듀윌 공인중개사 합격자 모임

2. 앰배서더 가입 자격 부여

3. 동문회 인맥북

업계 최대 네트워크

4. 개업 축하 선물

5. 온라인 커뮤니티

부동산 정보
실시간 공유

6. 오프라인 커뮤니티

지부/기수 정기모임

7. 공인중개사 취업박람회

8. 동문회 주최 실무 특강

9. 프리미엄 복지혜택

숙박/자기계발/의료
및 소식지 무료 구독

10. 마이오피스

동문 사무소
등록/조회

11. 동문회와 함께하는 사회공헌활동

※ 본 특권은 회원별로 상이하며, 예고 없이 변경될 수 있습니다.

에듀윌 부동산 아카데미 강의 듣기

성공 창업의 필수 코스
부동산 창업 CEO 과정

1 튼튼 창업 기초

- 창업 입지 컨설팅
- 중개사무 문서작성
- 성공 개업 실무TIP

2 중개업 필수 실무

- 온라인 마케팅
- 세금 실무
- 토지/상가 실무
- 재개발/재건축

3 실전 Level-Up

- 계약서작성 실습
- 중개영업 실무
- 사고방지 민법실무
- 빌딩 중개 실무

4 부동산 투자

- 시장 분석
- 투자 정책

부동산으로 성공하는
컨설팅 전문가 3대 특별 과정

마케팅 마스터

- 데이터 분석
- 블로그 마케팅
- 유튜브 마케팅
- 실습 샘플 파일 제공

디벨로퍼 마스터

- 부동산 개발 사업
- 유형별 절차와 특징
- 토지 확보 및 환경 분석
- 사업성 검토

빅데이터 마스터

- QGIS 프로그램 이해
- 공공데이터 분석 및 활용
- 컨설팅 리포트 작성
- 토지 상권 분석

경매의 神과 함께 '중개'에서
'경매'로 수수료 업그레이드

- 공인중개사를 위한 경매 실무
- 투자 및 중개업 분야 확장
- 고수들만 아는 돈 되는 특수 물권
- 이론(기본) – 이론(심화) –
  임장 3단계 과정
- 경매 정보 사이트 무료 이용

실전 경매의 神
안성선
이주왕
장석태

에듀윌 부동산 아카데미 | uland.eduwill.net
문의 | 온라인 강의 1600-6700, 학원 강의 02)6736-0600

꿈을 현실로 만드는 에듀윌

DREAM

공무원 교육
- 선호도 1위, 신뢰도 1위! 브랜드만족도 1위!
- 합격사 수 2,100% 폭등시킨 독한 커리큘럼

자격증 교육
- 8년간 아무도 깨지 못한 기록 합격자 수 1위
- 가장 많은 합격자를 배출한 최고의 합격 시스템

직영학원
- 직영학원 수 1위
- 표준화된 커리큘럼과 호텔급 시설 자랑하는 전국 22개 학원

종합출판
- 온라인서점 베스트셀러 1위!
- 출제위원급 전문 교수진이 직접 집필한 합격 교재

어학 교육
- 토익 베스트셀러 1위
- 토익 동영상 강의 무료 제공

콘텐츠 제휴 · B2B 교육
- 고객 맞춤형 위탁 교육 서비스 제공
- 기업, 기관, 대학 등 각 단체에 최적화된 고객 맞춤형 교육 및 제휴 서비스

부동산 아카데미
- 부동산 실무 교육 1위!
- 상위 1% 고소득 창업/취업 비법
- 부동산 실전 재테크 성공 비법

학점은행제
- 99%의 과목이수율
- 16년 연속 교육부 평가 인정 기관 선정

대학 편입
- 편입 교육 1위!
- 최대 200% 환급 상품 서비스

국비무료 교육
- '5년우수훈련기관' 선정
- K-디지털, 산대특 등 특화 훈련과정
- 원격국비교육원 오픈

에듀윌 교육서비스 **공무원 교육** 9급공무원/7급공무원/소방공무원/계리직공무원 **자격증 교육** 공인중개사/주택관리사/감정평가사/노무사/전기기사/ 경비지도사/검정고시/소방설비기사/ 소방시설관리사/사회복지사1급/건축기사/토목기사/직업상담사/전기기능사/산업안전기사/위험물산업기사/위험물기능사/유통관리사/물류관리사/ 행정사/한국사능력검정/한경TESAT/ 매경TEST/KBS한국어능력시험/실용글쓰기/IT자격증/국제무역사/무역영어 **어학 교육** 토익 교재/토익 동영상 강의 **세무/회계** 회계사/세무사/전산세무회계/ERP정보관리사/재경관리사 **대학 편입** 편입 교재/편입 영어·수학/경찰대/의치대/편입 컨설팅/면접 **직영학원** 공무원학원/소방학원/공인중개사 학원/ 주택관리사 학원/전기기사학원/세무사·회계사 학원/편입학원 **종합출판** 공무원·자격증 수험교재 및 단행본 **학점은행제** 교육부 평가인정기관 원격평생교육원(사회복지사2급/경영학/CPA)/교육부 평가인정기관 원격 사회교육원(사회복지사2급/심리학) **콘텐츠 제휴·B2B 교육** 교육 콘텐츠 제휴/기업 맞춤 자격 교육/대학 취업역량 강화 교육 **부동산 아카데미** 부동산 창업CEO/부동산 경매 마스터/부동산 컨설팅 **국비무료 교육 (국비교육원)** 전기기능사/전기(산업)기사/소방설비(산업)기사/IT(빅데이터/자바프로그램/파이썬)/게임그래픽/3D프린터/실내건축디자인/웹퍼블리셔/그래픽디자인/영상편집(유튜브)디자인/온라인쇼핑몰광고 및 제작(쿠팡, 스마트스토어)/전산세무회계/컴퓨터활용능력/ITQ/GTQ/직업상담사

교육
문의 **1600-6700** www.eduwill.net